吵架又没发挥好

嫌なことを言われた時の
とっさの返し言葉

〔日〕森优子 ◎ 著

金哲 王书凝 ◎ 译

湖南文艺出版社
HUNAN LITERATURE AND ART PUBLISHING HOUSE

博集天卷
CS-BOOKY

前言

　　冷不防地受到来自他人的语言攻击，我们该如何回击呢？

　　"很想漂亮地顶撞回去，可是我做不到啊！"

　　想必很多人都有这样的烦恼吧？

　　被人语言攻击了，心里没法不难受。

　　无论对方是否带着恶意，有些话就是会让人火冒三丈。只要被恶语击中，就难免会有一种心要被捏碎了的无力感。

　　人们大致有两种应对方式，要么是阴沉着脸不言不语，要么是怒不可遏地反击。你会选择哪一种方式呢？

"心里暗骂着'你算什么东西！'，却出于对自身处境的顾虑，无奈地选择忍了。"

"当即情不自禁地骂回去：'我饶不了你这个白痴！'"

"事后越想越懊悔，恨自己当时没能狠狠地骂回去。"

我总能听到别人这么跟我说。

如果是再也不会见面的陌生人倒也罢了，可如果对方是职场里低头不见抬头见的领导、同事或者客户，该如何是好？

或者，学生时代的校友、一起玩的小伙伴、街坊邻居呢？

以及，孩子同学的家长、终生来往的亲戚呢？

我们都清楚，最好妥善打理这些人际关系，避免与这些人起争执而造成不良影响。

但是往往委曲并不能求全。

一味忍气吞声，痛苦的始终是你自己。

而且，即便你压制愤怒继续与对方相处，你们的关系也不会往好的方向发展。长此以往，你还会变得害怕与人打交道，成为"社恐"大军的一员。

很遗憾，生活中就是有那么多讨厌的人在你面前说着不让人待见的话。

人生在世，真是压力重重，每天竟然还要为这种事情耗费精力！

所以，我希望饱受压力折磨的你学会保护自己。

我想教给你处变不惊地化解对方突如其来的冒犯，以及能够一招制胜、精准打击对方的技能。我怀着上述想法，出版此书。

这就不能不提到，我在漫长的副业生涯中，接触过的形形色色的人。

我发现了这样一个令我豁然开朗的事实：

讲话难听的人，本性也许并不坏。和睁着眼睛说瞎话的人比起来，毒舌的人本质上绝对算不上最恶劣的人。

讲话难听的人，有的是童言无忌，有的是性格孤僻，有的只是脾气急、容易口不择言，还有的是因为缺乏自信才会应激似的出口伤人。

如果能转变观念，从理解人性的角度出发，你会觉得他们能对你毫无顾忌地讲出自己的想法，其实是一种很难得的坦诚态度和行为。（当然，那种心理变态的人不在讨论范围内。）

如果你能像我说的那样改变思考方式和切入点，就会发现回敬对手的方法很简单，一切完全不足为惧。

请务必按照我所写的方法来努力实践。下次再被人用语言冒犯的时候，就在脑海里想想我教你的这些方法，指挥自己打一场漂亮的胜仗吧！

在这里，我粗略介绍一下这本书的内容。

序章部分主要阐述我们需要做的心理建设。语言上的攻击总是令人猝不及防。为了尽可能地让我们的心灵不受伤害，预先进行心理建设很有必要。如果做好了充分的心理准备，你就能够做到不慌不忙地漂亮回击。

也就是说，不打无准备之仗，有备无患。私以为，这是特别重要的一部分，所以请各位认真阅读。

第 1 章论述的是如何应对来自领导或前辈的诋毁、鄙薄的话语。尽管尖酸刻薄在职场上非常忌讳,甚至会被定义为职场骚扰,但仍有许多人喜欢肆无忌惮地对下属讲些令人生厌的话。因为要和刻薄的领导、前辈相处而感到苦恼的职场人,不可谓不多。

可以说,这种职场现象同婆媳关系一样,是人类永恒的课题。

在这一章中,我将为你解析序章中所提到的"武器"的使用方法,让你将漂亮回击的方法切实可行地运用在实际生活的情境中。

第 2 章主要讲述的是晚辈后生语言冒犯你时,你该怎么做。一直很仰慕你,而你也对其关怀备至的后辈对你出言不逊,这种情况怎么处理才妥帖呢?

你若是有失成年人风度地气愤还口,仅凭此一点,你就将自己也拉到了不成熟的小孩子的水平。

为了避免退化到这种地步,我要传授给你一些能保持身为前辈的体面,同时能有力回击对方的话术,让你与后辈和平相处。

第 3 章的内容讲的是在餐桌上该如何与惹人不悦的那种人过招，毕竟饭局是最有可能产生摩擦和争执的场合。在酒精的作用下，总有些人容易忘乎所以，借着酒劲失去待人接物的分寸。在酒桌上，找碴挑衅、无端指责、口出荤脏等情况绝非偶然。

如果遇到上述情景，各位就也以自己在酒桌上喝多了为理由，大快人心地狠狠回击吧！这样顶多会被认为是酒后失言。我会在这一章传授一些方法，帮你在饭局上以其人之道还治其人之身，痛痛快快地把那种失礼的人怼回去。对那些耍酒疯的人，这一章还能教你如何对其来个致命一击。

妈妈们经常会在幼儿园或者小学家长会上遇到孩子同学的家长，当这些人说些讨厌的话时，我们该如何应对？这类问题也算是亘古难题了，我将会在第 4 章里给各位一些启发。

孩子长大成人离开学校还得好几年，难道要一直忍受这些人的言辞吗？在"妈妈友[①]"这样的交际圈里，一味退让只会不断衍生出更多令人应接不暇的麻烦事。我从日常时有发

[①]"妈妈友"是年幼的孩子（多为上幼儿园、小学的孩子）的母亲间的一种交友形式。

生的事例中总结出几种典型的情况，一一讲解被人语言冲撞时该如何有力地反击。读完此书后，再被冒犯时，各位一定能够泰然处之。请好好学习掌握这些技巧哟！

第5章主要讲述遭到亲近的人语言中伤时，我们该如何沟通。在复杂的社会关系中，我们经常强调与人为善，人们交谈时都顾及体面。密友、同事、亲戚、夫妻、情侣，我们所处的亲密关系要比想象中宽泛很多。

正因为有这层亲密无间的关系，当他们触及我们个人的敏感区域时，我们着实会苦恼于该做何回应。针对这类经常会让人产生难过、厌烦情绪的话语，我将会在这一章里传授给各位反客为主的应对方法。

在这本书的最后一部分，我总结了一套回击模板，将诸多常见的惹人生气的情况罗列出来，并逐一提供能够有力回击的应答话语。如果有哪一条能让各位觉得"这话说得不错"，请尽管拿去用。

我在各个章节中提到的情景对话都源自真实发生的事

情。为了表达出本书对事不对人的宗旨，我对当事人进行了匿名处理。

除此之外，我还在每一小节的结尾处增设了我所喜爱的、称得上名言警句的话。如若这些金句能给各位的阅读增添一丝趣味，我也会感到如遇知音般的快乐。

哪怕只有一个人，因为读到书中的方法而恢复平静、展露笑颜，那也是值得的。这就是我写这本书的初衷。

在战争年代，人们交战用的是兵器；如今，人与人的交锋主要是头脑和语言的博弈。当有人嘴贱时，战争的序幕便就此拉开！

吵架又没发挥好

CONTENTS 目录

2

第 **1** 章

来自领导、前辈的叫人无处可躲的刁难

4

第 **4** 章

家长会上的难听话 115

第 **5** 章

亲近的人说出的令人意想不到的讨厌话 145

一面保护好自己，
一面进行令人叫绝
的回击

为了防止被恶语相向，
该如何提前准备保护好自己

◎ 心理建设（为你的心灵武装上铠甲）

无论是在职场上，还是在生活中，我们都难免要与人接触。如果是出门在外，我们无从预测走在路上会遇见什么样的人。不太熟的朋友、同学或者其他什么人，你无法预料哪一次偶遇会发展成一场站立式"尬聊"。

无论在何时何地与何人交谈何事，要想防患于未然，避免遭受对方的话语可能会给自己的心灵带来的伤害，我们就需要做足准备。

这里所说的准备是心理准备，我们需要提前搭建好心理防线，也就是为你柔软的内心披上坚硬的铠甲。

在心脏外面套上铠甲，即便是直面他人的明枪暗箭，也能反将一军。

出门前，站在玄关穿鞋子时，你就要把心灵的铠甲也穿戴上，同时对自己说一声"好啦"，这是一种为自己加油打气的心理暗示。

出门前做好心理建设，就像在脑海中提前整理"矛"与"盾"。

矛与盾是我们回击的武器装备。

它们具体是什么样的武器，又该如何使用，这个我们暂且按下不提，稍后再解释说明。

总之，你要记得在出门前给心灵披上铠甲，在脑海里配置好你的矛与盾。

至此，你的心理防线已经搭建完成，前期准备就绪。

◎ 武器是"迟钝的力量"和"规训的力量"（盾与矛）

我在银座做女招待期间，也曾被客人说过刺耳的难听话。

在工作的 14 年间遇到这种情况是必然的。人生不可能一帆风顺。即便是在顶级商业区的银座，也并不意味着来此消费的客人全是有修养的。在酒桌上被喝醉酒的客人百般骚扰，也是司空见惯的。

而且在这一行当中，前辈对新人刻薄以待的场景数不胜数。

在这些场景里，我也见识过一些不甘示弱的人用唇枪舌剑出色地回击了对方。

在银座工作期间的所见所闻，给我的心灵披上了一副刀枪不入的坚硬铠甲。

于是，我想传送给你"迟钝的力量"和"规训的力量"，让它们化身为盾与矛，成为你心灵的武器。

如果你能熟练运用这两样武器，对方一定会放弃抵抗，因为无力招架你的回击而变得哑口无言。

掌握"迟钝的力量"和"规训的力量"可以使你不被恶言恶语牵着鼻子走，这是你"从精神上占领高地"，在心理上压制对方的最强武器。

为了保护心灵不受伤害，
拿起语言之盾完美防御

◎ 所谓"迟钝的力量"（盾）

现在，请你设想一下自己猝不及防地被人顶撞的场景。

恶语之箭已经向你飞来。

一时间，你怒火中烧，急火攻心，感到有些上头。你不甘心就这么被骂，恨得牙痒痒，即刻想要一股脑地将愤怒和怨气发泄出来。抑或，你正因万万没想到对方会这么不尊重你而瞠目结舌。

即便如此也无妨，因为你已经给心灵穿好了铠甲。

并且，此时你手中还持有盾与矛这对武器。

对待如飞矢般中伤你的恶语，你需要先冷静下来，然后选择合适的武器，如此便能游刃有余地应对。

一般来说，成为你的护盾的，就是"迟钝的力量"。

对方说你的那些话，你用迟钝的态度去应对，不往心里去，方能做到一面保护自己，一面准备回击对方。

提到"迟钝"的时候，人们总会不自觉地联想到愚钝、反应慢等负面词汇，但事实绝非如此。

急躁的人被激怒时，很容易让一些毫无章法的回击的语句脱口而出。

这绝非八面玲珑、左右逢源的聪明人的做法。玩转语言艺术的"场面人"，此时非但不急不躁，还能展现出镇定自若的神态，就连说话的声音也比性急之人柔和得多。

他们的反应、做法绝非愚钝，而是在给自己创造一段心理缓冲的时间。"啊——这个人对我说了这种话！"这样一来，片刻就能冷静地分析情况并做出判断。

这种备战的姿态就是使用了"迟钝"这一防御大法。

身兼医生和小说家这两种职业的渡边淳一先生在自己的著作《钝感力》中曾写到如下内容："在各行各业中取得成功的人们，当然拥有才能，但在他们的才能背后，一定隐藏着有益的钝感力。"

　　我认为渡边淳一先生所言极是。

　　在银座，无论是能将店铺经营得长盛不衰的老板娘、备受欢迎的女招待、堪称人上人的贵宾，还是正在上升期的潜力股客人，他们都拥有这股迟钝的力量。

　　他们不会过于在意别人对自己说了什么话，不会任由自己一味去咀嚼那些会伤害到自己的话。

　　嫉妒的话语也好，冷嘲热讽也好，他们对此都能做到波澜不惊。这种对负面语言置若罔闻的能力，正是积极地发挥了迟钝的力量。

　　有了这一武器，才能万无一失地一面护自己周全，一面沉着冷静地准备反击对方。

◎ 用"迟钝的力量"进行反击的方法（盾的使用说明）

我将盾的使用方法大致分为三种。

首先是"复述"。

对方是怎么说你的，你就原封不动地奉还给他。

你可不要噌的一下就火冒三丈，用怒不可遏的语气立刻骂回去。

这里我需要重申一遍，你的心灵是一直穿着防御铠甲的，因此没有必要在猝不及防地被人冒犯时又惊又怒。

请你先平复一下情绪，冷静至少两秒之后，再干脆利落、有的放矢地进行回击。

其次是"故意答非所问"。

针对对方说出的惹人生厌的话，反向抛出疑问。不要问关于他自身的问题，而是揪住他冒犯你的话，假装不明所以地追问他是什么意思。

这么做的话，你就能把对方打个措手不及。在这时候乘虚而入，抓住对方的语言漏洞，诘问到对方哑口无言。这个出其不意的招数效果显著。

这么做虽然有点孩子气，但你冷静下来想想，就会发现这种小孩子做派完全没有问题。这是大人的小反击嘛！

最后这招叫作"幽默"。

用幽默来化解，或许会让你感到难度颇大。对在日常生活中不苟言笑的人来说，使用这一招更是难上加难。

但请放心，这本书为你提前准备好了回击话术集锦，只要你稍微拿出些勇气，张口使用里面的金句，便能做到应对自如。

为什么我敢这么说呢？因为这些金句确实是字字珠玑、简短精练。

比如反应敏捷地对出言不逊的人说"啥？"，对方反倒会因为不知如何接话而一时噤声。这一声"啥",就算是一种简单的幽默回击。这是你立马能记住的一招,实践起来也很容易,请安心使用吧!

用幽默化解愤懑,是很有品位的做法。

如果你能颇具语言艺术地回击,对方或许就会从心里佩服你"有点东西"吧!

具体情况具体分析，
用化身为长矛的尖刻语言一招制胜

◎ 所谓"规训的力量"（矛）

用迟钝的力量无法完美防御对方的恶言恶语时，怎么做才能让对方停止继续攻击你呢？

这种情况下就该发挥"矛"的作用了，也就是启动"规训的力量"。

"你讲的这种话惹到我了，我不爱听的话请你不要讲第二遍。"明确地讲出这句话吧！这是为了让对方理解你的感受，知道与你讲话的度。

尤其是当对方本就出于恶意，你更是不需要顾及情面，严厉回击即可。

　　实际上，我们无法准确地判断对方讲的哪些话是出于恶意，更无从得知对方被斥责后是否会反省自身的问题。

　　这些疑虑暂且按下不提，因为这些都不是我们能决定的事情。

　　另外，你不需要因为回击了对方而有过重的心理负担，之所以这么说，是因为是对方先对你讲了很不好的话。

　　为了今后能够毫无负担地生活，偶尔反击一下别人也未尝不可。

　　对于那些用语言的利箭将你杀个片甲不留，连你的心灵铠甲都招架不住的人，你要为了确保自己今后不受第二次类似的伤害而好好教训他们一下，规训他们对你的言辞和态度。

◎ 具有"规训的力量"的回击攻略（矛的使用说明）

规训的招数有两种。

第一招是"模仿术"。

不论对方说了什么讨人厌的话，你通通一字一句原封不动地奉还给他。

这里同前面我们所讲的"迟钝的力量"的使用说明中，用幽默的语言回敬对方的方式稍有不同。

之所以说它们不同，是因为关于规训的力量，有一句口口相传的名言。

在水谷丰先生主演的人气电视剧《相棒》中，杉下右京这个角色不论是对下属,还是对关系好的同辈,只要感觉自己被语言冒犯了,就会一本正经地反唇相讥。

面对诋毁时,杉下右京也会直截了当地替自己辩解:"你说的那些并不是我的错,不能怪到我头上来。"

各位读者如果看过这部电视剧,一定能感受到杉下右京不时冒出来的经典台词在回击时有多大威力。

第二招是"回旋镖"。

忍无可忍、无须再忍的时候,根据具体的时间、场合,勇敢反击!

与"迟钝的力量"中我们所接触到的鹦鹉学舌式的简单"复述"不同,你可以将"回旋镖"大致理解为以其人之道还治其人之身,也就是用对方说的那些讨人嫌的话来"回敬"他。

换言之,这种回击方式就像是用语言进行正当防卫。

虽说接下来主要讲解的是一般情况下不会使用的"矛",但当你遇到让你极其恼怒的情况时,就请使用"模仿术"和

"回旋镖"来精准打击对方吧!

正所谓有备无患,让我们现在就开始排兵布阵,实战演习吧!

第 1 章

来自领导、前辈
的叫人无处可躲
的刁难

1−1

你是蠢货吗？

什么？蠢货？

在职场上，莫名其妙就被对方诋毁成"蠢货"的话，对方也太过分了。不论是谁听了这种话都会犹如五雷轰顶，被攻击得体无完肤。更何况出口伤人的领导、前辈还会横眉怒目，严厉地责骂你，确实足够威慑人。不过，纵然对方是领导、前辈，说人是蠢货也未免太过火了。这种激烈的言辞会瞬间中伤人心，让人只能垂头丧气，黯然神伤。

被贬低为白痴，被贴上蠢货的标签，面对这种事情，任谁都会想要反驳的，我们无须隐忍。

急躁的人会慌忙回嘴，说出如下的话：

"不管怎样，你骂人蠢货也未免太过了吧？"

其他类型，比如一本正经的人，也许会这样说：

"你说的蠢货是什么意思啊？"

　　他们的反应都没错。一般情况下，大家都会想要这么回嘴。

　　因为当今的社会风气已然变得连父母都很少会当面训斥孩子是蠢货，所以我们很难预想到被外人当众侮辱的情况真的会发生。

　　我这里有更好的应对方法。

　　几年前，我在公司上班的时候，发生了这么一件事。那一天我比平时早到公司，因为困倦，睡眼惺忪，双手还有些许无力。刷卡进门的时候，一声怒吼传来："你是蠢货吗?!"吓得我瞬间清醒。

　　困意一扫而光，刚刚还睁不开的眼睛现在瞪得溜圆。映入眼帘的是公司的领导和一名年轻的男销售员。开工之前，电话尚未因业务繁忙而铃声大作，也还没有什么人来到自己的工位，有的只是响彻安静的办公室的严厉斥骂声。

　　我很同情那名男销售员，一大早就被领导辱骂是蠢货，然而没想到的是，他本人竟然对着领导痛痛快快地来了一句："是的，没错，我就是蠢货。"

　　这恐怕是他没有理解领导骂人的意图，情急之下做的回复。不过即便做错事情，猝不及防地被别人骂蠢货，搁谁也很难心情平静吧？

男销售员不假思索、口吻轻松地重复着领导的辱骂："是，我是蠢货。"此情此景，让我觉得他很了不起。

还有一次，我正在公司制作招聘启事，听到一声雷霆般的怒斥："你是不是傻?!"如此激烈的言辞让我不由得瞠目结舌。

销售部门的一名女职员正被人训斥："你真的没问题吗？是不是脑子有毛病？"

正在大发雷霆的是一名小组长，但令我目瞪口呆的是，被骂的女职员是比我资历要深 10 年以上的工作经验丰富的前辈。

更令我大跌眼镜的是，被训斥的前辈竟然丝毫没有被打击得垂头丧气。

"是的，是这样。""是的，没错，您说得对。"她一边一遍遍附和着小组长的责骂，一边退回自己的工位。

按说因为被责骂，必然会神情凝重，她却一直在以一种轻快的语气回话。

她到底做何感想呢？

从这件事情发生到后来，我都在小心翼翼地暗中观察这位前辈，企图找出答案。面对的无论是上级的热心建议还是普通的问责，她的作答都只有一种："是的，是您说的这样。""是的，您说得没错。"

当然，对于需要详细说明的地方，她也会在附和时穿插着回答具体内容。

你察觉到了吗？

很会接话的人，善于"复述"对方说过的话。

这两位销售部门的职员，即便被辱骂，也能泰然处之地连声附和，重复领导的观点。

要知道，他们的这种话术并没有真的将自己贬低到蠢材的位置上去。

以这样轻快、无所谓的语气附和责骂你的领导后，领导反而会束手无策。

记住，诀窍在于，一定要以一种完全不以为意的明快语调说出口。

最后，为了维护上文提到的这两位职员的声誉，证明二位并非消极怠工才说出那样的话，我要特此声明，这位男销售员受到了领导一如既往的谆谆教导，事业蒸蒸日上，后来拿到了部门的销售冠军；女前辈也是同样的发展势头。

为心灵武装上铠甲的金玉良言

坦率地承认自己的愚笨是至关重要的事情。

如果能坦诚地面对真实的自己，虚心接受建议，就一定会有热心帮助自己的人出现。

——沃尔特·迪士尼

"米老鼠之父"

1 - 2

这么早就要
回去了吗?

会问出这种讨厌问题的领导，确实令人烦躁。

工作时间一旦结束，无论几点回家都是个人自由。

当然我也知道，很多人会根据当日的工作内容调整下班时间，处理完一部分计划好的工作后再回家。确实有人如此热衷于工作，但现代社会所推崇的工作理念是尽可能减少加班时间。把自己分内的工作完成之后，下班回家是理所当然的事情。

即便如此，仍有对下属按时下班颇有微词的领导存在，他们这种人真是可悲。

"是要回家了吗？""要下班了？"这种明知故问的话姑且不论，更有甚者，会用更加令人不悦的方式问你："这么早就要下班吗？"

这种无形中施压的问法会让谨慎认真而又怯懦的职员放弃按时下班回家的想法。

供职于某大型制造厂营业部的 A 君，今年 26 岁，事业虽说还不至于用"如日中天"来形容，但也已有 4 年工作经验了，去年，他被调到了一个离家路途较远的营业所。

某天晚上 7 点，他结束了一天的工作任务之后，正站在座位旁把笔记本收进公文包——"这么早就要回去了吗？"领导冷不丁地冒出来一句。A 君手足无措，又一屁股坐回了办公椅上。

A 君原本的想法是，今天的工作已经结束，就稍微早一点下班，到家后好好准备明天早上要做的工作。但被领导这么一问，他重新打开电脑电源，在那位领导下班前继续给自己找点活干，一直熬到很晚。

A 君如果能够稍微圆滑机敏些的话，或许可以对领导说一句："还有点事要去办。"

他如果勇气十足的话，还可以这样说："明天早上有很重要的工作，我想早点回家得到充足的休息，以饱满的精神状态迎接明天。"以此寻求领导的理解和通融。

话虽如此，但是许多碍于情面继续留下来加班的人，特别是像 A 君这样经历人事调动没多久的人，很容易无奈地陷入"当时难以启齿，事后无限懊悔"的情绪。

可我们不能一直这样恶性循环下去。正因为职场上总是有这样的领导存在，这类令我们深恶痛绝的情况才屡见不鲜，很多人每天都要一边纠结何时下班，一边工作着。

如此内耗，如此分散精力，任谁都会无比厌烦吧？

30 岁的 B 君在医疗领域一家头部公司的销售部门供职，因为和多年未见的大学时期的朋友约好要聚一聚，B 君打算下午 6 点半准时下班。

为此，从约定好见面的日子前几天开始，B 君就一直有条不紊地推进着自己的工作，并期待着和友人久别重逢的那一天到来。

但是没想到，当他说出"不好意思，我先下班了"并飒爽地站起来准备离开工位的时候，领导冒出来一句："什么？这么早就要回去了？"

老家是关西地区的 B 君在心中咒骂："以前怎么不知道他是这么个讨人嫌的混账东西？"整个人像是被气到不能动

弹，表情僵硬，下班的脚步一步也踏不出去。

他好想不留情面地顶撞道："课长还在吗？也不在了吧？"

但奈何对方是自己的直属领导，阴阳怪气地讲这种话实属下策。B君决定不能辱没关西男儿的血气方刚，便挤出一个笑容，以不卑不亢的语气直爽地说：

"是的，我这就要回去了。"

一时间，领导有些错愕于他直白的回答，怔怔地点了点头，口中念叨着："这样啊，那你辛苦了，请回吧……"自那以后，B君再按时下班，领导也没有半句微词。

当被问到"这就要回去了？"时，可以直言"是的，这就回了"，这种回应与前文中被骂蠢货时的回答有着异曲同工之妙，自信满满地顺着对方的问话来回答就可以了。

顺便一提，在银座的俱乐部里，女招待陪伴客人纵情欢乐后，会对着客人客气地说一声"今晚多谢款待"，随后从席间站起身准备走。此时，意犹未尽的客人会热切地追问："小姐这就要回去了吗？"这样的场景时常上演。

那么在这种被客人挽留的情况下，该如何回答呢？

　　没什么人气的女招待会毫无歉意且不解风情地老实推托说："我再不走就赶不上末班车了，所以先行告辞。"

　　颇受欢迎的女招待会娇羞一笑，说："是的呢，今天要先回去了。"

　　让"五陵年少争缠头"的万人迷女招待，则会表情暧昧地说："怎么啦？舍不得我走吗？"

　　真是让人神魂颠倒又无法反驳的回应呀！

为心灵武装上铠甲的金玉良言

人的一生是有限的。

——史蒂夫·乔布斯
苹果公司创始人

1 – 3

我要说多少遍
你才能懂?

　　C 君在一家制造厂工作，主要工作内容是作为助手整理领导需要在会议上向董事会提交的资料。有一次做好资料拿给领导看的时候，领导突然怒斥了一句："跟你讲了多少遍，怎么还不明白?!" C 君支支吾吾，一时不知如何回应领导的发难。

　　被人不分青红皂白地劈头盖脸一顿臭骂，C 君又气愤又窘迫，把后槽牙咬得咯咯响。

　　表达方式不同，对人心灵的打击程度也会有所不同。比如之前骂人"蠢货"的例子，如果只是单纯撒气谩骂下属，并无任何实质性教导，那就构成职场暴力了。

　　一般情况下，出言不逊的领导在斥骂下属时不会控制自己的音量，有这种领导存在，整个办公室都会笼罩上一层令人无法喘息的阴霾，气压很低。

　　值得赞扬的是，C君没有一个人忍气吞声，而是呼朋引伴，叫上三五个关系要好的同事去喝酒谈心，把自己被领导无端辱骂的委屈一股脑吐露给有着相同遭遇的同事。大家都说自己有过被这位领导莫名其妙地说"跟你讲了多少遍，怎么还不明白"的经历。

　　"他说话的方式很让人窝火，我希望他能把事情一次性交代清楚，而不是自己都没搞明白，只会埋怨下属办事不力。"

　　"果然前辈你遇到他这么无理取闹的也无言以对了吧？"

　　"起初每次提交材料，他都会暴跳如雷地挑刺，说我些什么。我几次在暴走的边缘，有一次忍无可忍，就怒气冲冲地顶撞了回去。"

　　"你说了什么？"

　　"他不是总吼'跟你讲了多少遍'吗，我就问他'那这是第几遍呢'。

　　"其实啊，本来我想说，既然怎么做都不合你心意，那你自己去完成啊！但想到他好歹是我的领导，比起直接顶撞他，不如真的问他究竟跟我说了几次工作要求，这样更能让他意识到自己的无理取闹吧，哈哈！"

前辈装傻充愣地反问，大智若愚地回击。

这种揣着明白装糊涂的巧妙提问方式，就用到了我们在序章里提过的回击话术，也就是突遭无礼的人冒犯时，故意出其不意地问出傻乎乎的问题。

一脸憨态的前辈在问出"那这是第几遍呢"的时候，心里跟明镜似的，知道这实际上是领导第一次提出要求。如果真是如领导所说强调过好几遍的话，谁还能记不住呢？

对那种平时要处理很多工作、带许多下属的领导来说，清楚地记得某个要求是否真的对下属讲过通常很难。他们经常需要对不同的人重复相同的要求，很容易错以为某个要求已经向你说明过很多次。因此，提醒似的反问领导一句，装傻充愣地冷不丁地回击一下，经常会有出其不意的效果。

你或许会担心对方会觉得你脾性恶劣，但实际上完全不会有这回事。

我之所以劝你安心这么做，是因为我们可以推己及人。当对方先肆无忌惮地伤害你时，你最需要做的是守护好自己的心灵，平复自己的情绪。是对方先毫不客气地对待你的，你自然要不甘示弱地反击。

　　如果你选择反击，通常情况下，领导会忽然间瞠目结舌，错愕不已，然后讪讪地说："这种事情我哪里会知道！"显然，他搬起石头砸了自己的脚，最终，多余一个字都吐不出来的他陷入了尴尬。

　　从前辈的经验中得到启发的 C 君在不久后的工作中，又遇到了领导"跟你讲了多少遍，怎么还不明白"的发难，这一次，他鼓起勇气回道："请问现在是第几遍？" C 君的问题一出口，领导果不其然变得哑口无言，一副自讨没趣的样子。

　　所以，当伤人的话明枪暗箭一般向你袭来时，你就佯装成一脸无知无辜的样子，原封不动地将"装傻问题"抛回去吧！

　　回击的时候，记得语气尽量若无其事一点，要摆出一副心平气和、虚心讨教的姿态。

　　不出意外的话，对方在被你怼到后，同样的情况就不会再发生了。

　　顺便提一下银座里那些左右逢源的交际老手会如何应

对这类无礼非难。阅历尚浅的女招待也时常会被前辈训斥：
"这种错误你都犯几回了？"

大多数女招待在面对这种情况时，只会呆板地点头哈腰认错，重复着"对不起""您批评得对"之类的话，忍辱负重。

然而，尽管事事忍让，处处退步，她们还是会一天到晚地被前辈骂。

但她们中有的人会说出如下的话，令我这个旁观者眼前一亮：

"我这种笨笨的人，真得有劳您多指正几回才能做好呢！"

这种服软的话，抬高了对方的地位，会让对方很受用。

被你这么回应的前辈，往往会觉得你孺子可教，是个知趣、识大体的好后辈，还会扬扬自得地认为自己对新人来说很重要，在内心自言自语"真是没我不行呢"，自此以后，对你的教导也会变得有耐心许多。

这一小技巧可能女性用起来更加有优势。进退维谷之际，请大胆尝试这么说软话吧！

为心灵武装上铠甲的金玉良言

"你这货让我说几遍才能明白？"

"500遍。"

———坪田信贵

《垫底辣妹》中的教师原型兼作者

1 – 4

这种事可是社会常识啊！

"办公室的电话响两声以内，必须接起来"，这种不成文的规定是怎么流传开来的呢？

在销售部门工作的 B 小姐是位八面玲珑、左右逢源的职场白领，能游刃有余地处理好近乎一切工作任务。唯一使她力不从心的是——接电话。

想要接电话的时候，手却不听使唤地迟迟无法伸出去。

究其"病因"，是她刚参加工作时，被前辈教导要谨记电话响两声以内必须接听。但实际情况是，电话往往是多个同时打进来的，有时竟会有三个电话同时响起的状况，让人难免会变得犹豫不决。每次铃声大作的时候，B 小姐都会被人提醒"快接快接"，或者被批评"太慢了"。

有一次，她从复印机旁猛地冲回座位去接电话，在第二声铃响结束前她拿起了听筒，前辈却不满似的叹了一口气。

B小姐察觉到前辈的潜台词，于是鼓起勇气辩解："我刚刚正在复印东西，没料到会突然进来电话，差点没赶上。那个……无论如何都要在两声以内接起来吗？"

她这么一问，前辈恨不得把一肚子的难听话一股脑吐出来，说："这是社会常识好吧?!"

类似这样的话，会让人觉得自己的工作素质和智商都遭到了否定。B小姐怒不可遏，快要爆发了。

B小姐非常想说："大家都是一个部门的，你就坐在座位上，为什么不接电话呢？都告诉你我正在复印了，非要求电话第二次响的时候就接，你伸手接一下电话不也是很正常的事？"但她最终还是选择忍了，咽下了反击的话。

说起来，所谓的社会常识到底是什么样的呢？

我是这么定义社会常识的：在一个单位组织或体系内必须具备的"作为成年人应有的思想认识和礼仪"。

既然如此，共同创造出一个让无论什么级别的同事都能舒心工作的职场环境，也是成年人应有的觉悟。

"前辈跟我说话的时候，我必须站起来和他对话。"

这也是社交礼仪的基本常识吗？

临时工 E 小姐初进大公司的总务处工作时，一个自视甚高且喜欢挑刺的老员工这样教训 E 小姐：

"前辈跟你说话的时候，你要站起来听！"

什么？初出茅庐的她还是头一次听说这种事情，她对此感到非常惊讶。

E 小姐当然也明白，如果是位高权重如董事长进来讲事情，员工肯定是要站起来听的，但如果只是比自己早来公司的同级别的同事……

慎重起见，她向别的前辈确认了一下那位前辈的"指教"，这位前辈却说："不站起来也没关系啊，我们公司没那种企业文化，你放宽心！"

很明显，这件事就是喜欢摆谱的前辈针对职场小白故意为之的。得知了真实情况的 E 小姐决定反击。

第二天，爱摆谱的前辈来叫她的时候，她坐着回答了一声"哦"，前辈闻声立即火冒三丈，语气强硬地说："你给我站起来，立刻马上！"紧接着，这位前辈又咆哮道："你跟前辈说话的时候要站起来，这是社会常识，明白吗?!"真是喷火急攻而来。

E 小姐不紧不慢地还击道："您说的这条社会常识，是针对我设立的吗？"

没想到新人会回嘴的摆谱前辈被 E 小姐顶得哑口无言，回到了自己的座位上。

即使是在银座的俱乐部，只要有新人女招待入职，大家就会欺生，把不好的事情归咎于新人，就好像新人是个什么都不懂、什么常识都没有的人。当然，因为都是低头不见抬头见的同僚，一般新人面对这种欺凌都会忍气吞声。

但是，就有那么一位女招待用令人无可指摘的回答封住了对方的嘴。

"你是很在意我、很关心我才这样的吗？"

明白她的高明之处了吗？

擅长巧妙回击的她，很快就成长为风光无限、人见人爱的女招待。

为心灵武装上铠甲的金玉良言

世间的确存在诸多常识和非常识，但我自认为没有比我更具备常识的人了。

更何况现在本来就是一个非常识可理解的时代，如此这般，恰恰使得我这个具备常识的人，看起来反倒像是最没常识的那一个。

——北野武
电影导演、演员

　　早上到公司时，被领导阴阳怪气地说了句"你身上好像有什么味道呀"，搁谁都会惊讶得说不出话吧？

　　毕竟，被人嫌弃体味难闻，太伤自尊了！

　　在保险公司做销售员的 H 小姐，去一个颇有能力的女领导的座位前汇报前一天的销售情况，没想到领导说出了这句话："H 小姐，你好像有什么味道呢……"

　　听了这话的 H 小姐大惊失色。什么味道？我身上的吗？不敢置信啊！哪里出问题了呢？衣服臭了？腋下有味？汗脚味？还是说人到中年的油腻味？

　　H 小姐从未察觉自己身上有什么异味，因而一时语塞。

　　性格懦弱的人似乎只会道歉，息事宁人。

　　如果是性格刚强的人，则会有勇气地质问一句："哪里臭了？"或许还会试图一探究竟，找出异味的来源。

　　H小姐从惊讶与慌张中回过神来，压抑着想要顶撞领导的心，没有说出那句"突然说别人有异味真是很过分"，而是勉强挤出赞同的神情，回复领导："您嗅觉可真是灵敏呢！"

　　领导随即扬起了得意的笑脸，对H小姐说："是啊，我的鼻子特别好使。"

　　好了，如果领导此刻给了你一个轻松而沾沾自喜的表情，你再进一步询问"那我身上具体是有什么味道呢"就容易了。

　　也就是说，像这种与实际工作能力无关，对方仅仅是陈述了自己的五官感受的情况，我还是建议各位用幽默的方式回应对方。

　　如果被人说了"臭臭的""头发乱蓬蓬的""嗓门大""手部皮肤干巴巴的"之类的话，你可以尽情去赞美对方的"嗅觉""视觉""听觉""触觉""味觉"。请试着用这种幽默的方式给对方的自尊心挠挠痒吧！

这么回击，往往会有令人吓一跳的绝佳效果。这就是我所说的高情商幽默感。

哦，对了，H小姐当时身上的味道其实是大蒜味。

因为H小姐当时靠领导很近，所以会让人讲出类似IKKO[①]的口头禅"怎么搞的"的话。

的确，大蒜的气味，即便刷牙，也是短时间内无法去除的。这是因为吃了大蒜后，蒜味会从整个身体由内而外释放出来。并且，无论大蒜的气味多么强烈，吃了蒜味食物的人都察觉不到这股味道。有些人觉得大蒜味的食物超级美味，但对不爱吃蒜的人来说，这只会是一股恶臭。

所以，与人有约的话，最好提前一天把有刺激味道的食物从自己的饮食里剔除。

在银座工作的女招待都不吃大蒜，还会请求客人避开菜单中加入了大蒜的餐品，和同事们一起用餐时也不例外。

---

① 日本知名美妆师、艺人。

嗅觉敏锐的人，其实比我们想象的要多，他们有时候并不是找碴。

即便如此，人嘛，不论是谁，多多少少都会有些气味吧！

如果被别人批评"好臭"，那就赞美那个人的嗅觉吧！然后搞清楚气味的来源，从今往后小心一些就好了。

从此，你再也不会有这方面的烦恼了。

为心灵武装上铠甲的金玉良言

从头顶到脚尖，一流永远是一流。

——IKKO

美妆师

第 2 章

来自后辈的有失分寸的话

嗯？这个人突如其来地在讲什么啊？

平日里对其关心备至的后辈对你说这种话，让你噌的一下火冒三丈。

这个后辈在这之前可是经常对你说"前辈真是个可靠的人""前辈平易近人，和前辈相处很是轻松""我也想成为像前辈这样的人"。

"我变了？这是什么意思？"你在脑海里不禁这么思索着。

如果是脾气暴躁的人，遇到这样的问题，会这样说吧："变了？哪里变了？你给我说道说道！"

而耿直的人可能会这样说："啊，是吗？你现在是不是对我印象不好了？"

我很能理解这种心情。

后辈就算没到敬仰你的地步，也至少应该尊重你。后辈向你说出这种话，你自然会很在意，同时会想弄清楚自己究竟是哪里变了。

但是，请等会儿。

你可是前辈，在这种问题上，应该展现出作为前辈的从容才对。我传授给你一个好办法。

先分享一个在机械厂里工作的 30 岁男人的故事。

一天，这个男人用一种略带夸张的幽默语气与一个一年未见，刚从外地分公司回来的后辈交谈，这时，意想不到的话语从后辈的嘴里迸了出来：

"你是不是变了？"

这个男人在那一瞬间愣住了。一年前，那个后辈还说过"前辈真是可靠""我真的很敬仰前辈"。

搁谁都会愣住吧？

那么这个男人是如何应对的呢？

"什么意思？我就是我，什么都没变。"正打算这样说时，他想了想，笑着回道："人就是每天都在变化的啊！"

这样的回击很是精彩。

人是多面的存在。

平常很文静的人，一离开工作就变得像搞笑艺人一样幽默有趣；在工作上绝对不会出错的人，在实际生活中却经常丢三落四；平常浮浮躁躁、不太可靠的人，突然间迸发出让周围所有人信服的决断力。

每个人都有几副面孔。

说到这儿，你明白了吗？

没错，只是因为前辈那有趣的一部分之前没被后辈知晓而已。

还有一次，我在银座时代吃饭，在客人面前被后辈说："您还真是双重人格呢！"

那一瞬间，我的火气噌地冒了上来，回击道："不敢当，我是多重人格。"

听到我的回答，后辈和客人都瞠目结舌。之前，那个后辈一直"姐姐，姐姐"地称呼我，是我的得力帮手，我也十分关照她。

从后辈口中听到意想不到的讨厌话，当然会生气。但是，如果用同等级的话反击，就会显得自己格局很小。遇到这种情况，我们要沉着稳重，不慌不忙。

秘诀就是，把对方的话翻倍奉还回去。

如此，后辈所说的话就像天上的云一样轻飘飘的了。

回想一下刚刚说到的机械厂前辈，他对"你是不是变了"的回击语是"人就是每天都在变化的啊"；而我在银座对"双重人格"的回击语是"多重人格"。

看，是不是翻倍了？

不管是第一个例子中的男人，还是第二个例子中的我本人，都深谙此道。

为心灵武装上铠甲的金玉良言

多元总是好的。单一多么无趣。

——艾丽斯·阿普费尔

百岁时尚偶像

2 – 2

请你踏踏实实做事

　　在工作中，如果被后辈说"您最近好像状态不太好呢"这种话，我们心中的无名火难免会烧起来。即使后辈没有恶意，我们也会觉得被冒犯了，有种被当成笨蛋的感觉。

　　"你在教我做事？"真想这样杀回去。

　　在工作很忙、身体疲惫、心情郁闷的时候，这种话就显得尤为冷漠。

　　但是，不能这么直接反击，在后辈面前，我们要冷静、稳重。

　　虽说如此，但始终干笑着应对的话，真的会被后辈当成傻瓜。

　　遇到这样的场面，首先，我们要放出些让后辈焦虑的话，让他的心咯噔一下，见识一下作为前辈的从容，他就不敢再说了。

在服装公司工作、平常很会照顾人的 30 多岁的男子 K，在与后辈做开会准备时，发现关键资料找不到了，一边嘟囔着"奇怪，明明拿过来了"，一边在会议室里来来回回地寻找。这时，后辈突然对他来了一句："前辈，您最近状态好像不太好呢，请振作起来呀！"

瞬间，该前辈现出严肃的表情，回道："你说啥?!"

这个将声调提高的"你说啥?!"是不是很耳熟？

没错，这也是杉下右京的一句经典台词。

在连续 20 年人气不衰的电视连续剧《相棒》中，水谷丰扮演警视厅特命组的杉下警部。这句台词简直是口头禅一般的存在，经常被杉下右京挂在嘴边。

像右京一样用"你说啥?!"回答，后辈就会闭上嘴，什么也不敢说了。也就是说，将声调提高，会让对方察觉到"糟糕，自己刚才是不是不礼貌了"。

虽然会给人一种较为强硬的感觉，但这才是较好的应对方式。

　　然后，在后辈嗫声时，脸上露出笑容，向后辈这样说道："是我的疏忽，真是不好意思啊！"

　　前辈的笑容和话语会让后辈安下心来。这时后辈往往会有些阿谀地说道："每天都这么忙，就算是前辈您，也难免会有疏漏嘛！"——这才是可爱的后辈呀！

　　在银座，新人时不时也会说类似的话。

　　比如这样的场景：下班了，前辈在更衣室里换衣服，一时间自己的衣服找不到了，就会有些慌张。如果是要去赶最后一班电车，则会更加手忙脚乱。

　　前辈在更衣室里边脱自己的工作服，边喊着："这儿没有，那儿也没有，我的衣服呢？"

　　而且工作时通常会喝点酒，就算酒量再好，也有点醉意，于是一直以来冷静稳重的前辈在这时会显得有些手足无措。

　　看着这样的前辈的后辈有时候就会说道："前辈，您最近状态好像不太好呢！看您急的，慢慢找，冷静点。"前辈听到这句话时，一般不会说什么，而是假装听不到，继续找自己的衣服。

　　人气高一点的前辈会笑着说道："我还真是冒冒失失的，哈哈！"

　　而备受欢迎的前辈会如何应答呢？

　　她会这样说："哎呀，犯了点小迷糊。"

　　就算焦急，也会显得自己有余力。

　　找衣服确实是要冷静下来的，后辈所说的也有点道理。

　　也就是说，即使被指出事实，也可以用轻松幽默的方式去应答，这样就能避免陷入尴尬境地。

　　在与后辈的交锋中，试着带些幽默感来回应，是不是会好得多呢？

为心灵武装上铠甲的金玉良言

那么，我试着拯救世界吧！

——格格
《最终幻想》中的模仿师

2 – 3

你连这种事都
不知道吗?

　　遇到手机或者电脑的操作问题去问后辈时，如果被说一句"前辈，你连这种事都不知道吗？"，你是不是会很生气？

　　这就仿佛在说："连这种事都不知道，真是个傻瓜。"如果是上司或者前辈说的还好，但如果你是从后辈口中听到这句话的，这种被人当成傻瓜的感觉就会变得更强烈。

　　不会操作电子产品就够令人羞耻的了，自尊心更是受伤。

　　只回一个"你说啥？！"恐怕是无法消除心中的怒气的，笑着回"你小子厉害了是吧？"又会显得自己不够从容。其实，你最想说的是："你算老几啊，还轮不到你这么说我！"

　　虽说不甘心，但你首先要保持冷静。我要再强调一遍，你是前辈！

一被人说什么就气急败坏，会让自己看起来很逊。

把心里的情绪摆到脸上，会让自己看起来不够成熟。

那到底应该怎么做呢？

先分享一个具有启发意义的故事吧！

有一次，我去旅行，坐了当地的出租车。在出租车上，年轻的司机师傅给我讲了这样一件事。

当有乘客提出想去好几个地方时，他第一时间并不是打开导航，而是用智能手机开始检索近道和小道，以及交通状况等，一下子就全了然了。根据查到的信息，就可以迅速规划路线了。

"真快呀，年轻人！"车队里的老师傅经常赞叹。

"也就这点技术能被前辈们重视了。"

"就像公司里的系统工程师一样。"

那些前辈总是很热心地跟他讲这片土地的历史，他在教给这些前辈智能手机的操作时也很开心，就感觉被前辈们依靠了。

然而有一天，一个 50 岁左右的前辈向他问了一个很简单的操作问题，他不小心回了前辈一句："前辈，您连这都不知道吗？"

听到这儿，我不禁问他："那……那个前辈怎么回答的啊？"

他说前辈就有点生气地回答道："偶尔会有这种就是不明白这一点的时候嘛！快教我！"

这时，他意识到自己说了非常失礼的话。从那以后，无论被问到多简单的问题，他都会微笑着耐心地去解答。

在银座的俱乐部里就有女招待被客人带来的年轻白领用这种话嘲笑过："明明在银座做服务人员，却连这也不知道吗？没看新闻吗？"

没有人气的女招待通常会被这句话堵住，什么也说不出来。

有些人气的女招待则会说："今天恰巧没有看这方面的新闻。"

而人气高的女招待一般会这样说："哈哈，被看穿了呀！"

恰巧别人所说的事情是你不知道的，你就可以用"哈哈，被看穿了呀"来承认。

银座的女招待中还有很多人在使用翻盖手机。

有个受欢迎的女招待就是这样的，她认为："会发短信就可以啦！什么事都能解决，对我们来说简单又方便。"

她对智能手机的操作一窍不通，对网络热搜话题也一概不知。

当然会有客人惊讶地问她："你连这都不知道吗？"

遇到这种情况时，她就嫣然一笑，回答道："那有机会了，请好好教一下我哟！"

不愧是王牌女招待，一句话就狠狠地抓住了客人的心。

科技的进步确实照亮了未来，但也确实有人无法赶上浪潮，并且这一现象会永恒存在于每个时代。

现在的年轻人20年后也会被后辈问道："你连这都不知道吗？"

为心灵武装上铠甲的金玉良言

历史总在不断地重演。

——黑格尔

德国哲学家

最近你很得意呀!

"今天发生了一件让我很生气的事。那家伙在蔑视我。"

正在银座的俱乐部里生气的人是一个 30 岁左右的男性——K 君，他是一家钢铁公司的经营者。

这一天，他和后辈拜访完老客户后要一起回公司。途中，二人像往常一样聊了许多话题。这时，后辈突然说了一句："前辈，您最近真是扬扬得意呀！"

喝了一杯啤酒后，他继续说道："在老客户那里谈的事情一如往常，后辈也和平时别无二致，究竟是哪里显得我扬扬得意了？真是搞不懂。"

这确实令人火大。

K 君平时对下属十分关照，在公司里受到不少人的喜爱和信任。也正因如此，这次的事情令他相当受挫。

女招待们纷纷附和:"为什么不说回去呢? 说回去不就好了?"

这时,拿着酒杯的 N 君登场了,他是董事长兼营业部部长。他一下子就把问题引到了解决的方向。

"不要在意这件事。那家伙只是被你宠坏了而已,让他说就好了。"

"但是,我真的很生气呀! 我究竟哪里表现出来扬扬得意了?"

"你浑身上下都表现出来了啊! 哈哈哈哈哈哈!"

"过分了呀,部长!"K 君苦笑道。

"你为了和后辈们搞好关系有多努力,我一直看在眼里,周围的人也都看得到。所以说,你就堂堂正正的,随他说就好了。"

"如果他下次又说怎么办?"

"那你就这样回答他——何止有点扬扬得意,我已经飘飘然了好吗!"

N 君不愧是让人佩服的董事长。

他总是笑脸迎人，人品也好，很多部下都仰慕他。不管是在银座还是在他自己的公司，他都很有人气。与 N 君相比，K 君的不足在于没有幽默感。后辈说了些令人讨厌的话时不要立刻生气，幽默地回应就好了。

N 君继续说道："你一直是比较温柔的人设，如果被说了什么就立刻发脾气的话，他人之前对你的印象就会顷刻被颠覆。所以，只是这种程度的事情的话，用幽默来回应是最好的选择。"

我遇到过许多在公司工作的人，就公司氛围而言，K 君所在的公司是数一数二的，这绝不是言过其实。

我也经常请教 N 君和部下相处的方法，每次都受益匪浅。

精神饱满，待人温柔又不失威严，即使是悲伤的歌曲也能带着灿烂笑容演唱的 N 君，前几年已驾鹤西去。N 君的担子现在由 K 君来挑了。

即使是银座的招待人员，也是有血有肉的人。公司氛围好的团体来店里，会让接待的一方也较为放松。

　　如果是知己知彼的常客的话，这种放松的感觉会更强烈，而且很安心。

　　这时候，女招待可能会不小心喝过头。

　　虽然身体不至于摇摇晃晃的，但发音有可能会变得奇怪。

　　发音变奇怪了，说话也就变得奇怪起来。

　　有些后辈就会说："前辈，你最近真是得意得不行呀！"听到这句话，前辈就会苦笑着在心中拉响警报。

　　这时，没什么人气的前辈会假装没有听到。

　　有些人气的前辈则会笑着说："哈哈，我太开心啦！不小心就得意起来了。"

　　而人气超高的女招待会说："今天状态绝好呢！"并向后辈比个"吢"或眨一下眼睛，然后带着平淡从容的表情，优哉游哉地品尝手中的酒。

为心灵武装上铠甲的金玉良言

精神饱满，优哉游哉。

——出川哲朗

艺人

2 – 5

很意外，
你原来这么小气呢！

嗯？刚刚是在说我小气吗？

担任后勤工作的 G 君结完自己午餐的账单要往店外走时，后辈对他说："前辈好小气呀，都不请客的吗？"听到这句话，G 君相当震惊。

"这话竟然是从我请过无数次客的后辈嘴里说出来的！"他震惊的程度我能感受到。

后辈的话即使是玩笑，也未免有些伤人了。

无论是谁，被别人说"小气"都会不知所措吧？当场没来得及反驳什么，事后又会后悔自己怎么没这么回答："总不能每次一起吃饭都是我请你吧？"

话说回来，前辈必须经常请后辈吃饭吗？

　　答案是否定的。

　　搞笑艺人界确实有人气高的前辈请没啥人气的后辈吃饭这种不成文的风俗。区别于搞笑艺人，一般白领的世界是没有这种习惯的。

　　即使是 200 日元的咖啡也是各付各的，这种界限分明地与后辈保持距离的也大有人在。

　　如果对方是可爱的后辈，前辈或许会不由自主地在心里想着："请她吃点好吃的吧！"但在白领圈中，是没这种"每次都请"的规定的。

　　涉及钱的问题，总是容易让人困扰。

　　而比钱更重要的是，在涉及钱的问题上如何守住自己的底线。

　　这里不得不提某公司的一个传统。这家公司的营业部有这样一个传统：第一次合作时，前辈要请后辈吃饭。

　　不管是 800 日元的普通套餐，还是 1000 日元的咖啡厅午餐，都是前辈自掏腰包请后辈的。对后辈来说，这种事情无疑是值得开心的，而且会让后辈终生难忘。

下面的这句话也会被代代传承般说给后辈听：

"请吃饭只有这一次哦！因为我和我的前辈第一次合作时，也是被他请了一顿饭。"

真是很棒的传统！一开始把"请吃饭的话只有这一次"传达给后辈，在这之后，就会自然而然地实行 AA 制，也不会发生后辈有心理落差地说前辈小气的事情。

回到最初的话题。

对"真没想到你这么小气呀"这种话该如何回应？银座的客人中，有一个来自大阪的、在某制造公司担任部长的人，他用了一种独特的方法来回应这句话。

那是在上班时间之前，我和部长及其部下在寿司店吃饭。部长喝了三大杯啤酒，感觉喝醉了。

"快点你们喜欢吃的东西吧！"部长露出他那胖胖的肚皮。

"那就点个大份金枪鱼、甜虾和蟹。"

"那个……师傅，要个中份金枪鱼、甜虾和蟹，谢谢啊！"

"嗯？部长，是大份的呀！"

"不行，就来中份的。"

"啊？"

"啊什么啊？"

听了这段奇怪的对话，我哈哈直笑。但在听到部长的部下接下来的话时，我脸色一变。

"部长，你咋是这种小气的人呀？"

我在一旁紧张兮兮地看着部长。谁知，部长镇定自若地说道："响应号召，反对浪费，厉行节约，从我做起。"

听到这儿，我和那个部下都笑了，松了一口气。

"节约"这个词，有时候用起来还真是便利啊，哈哈！

为心灵武装上铠甲的金玉良言

节约与吝啬是有云泥之别的。

——本多静六
东京帝国大学教授、林学家

第 3 章

引发不适的
饭局碎语

3 – 1

你可真能吃呀!

"你可真能吃呀！"

女士们偶尔会在聚会上听到这种话。无论是谁，听到这种话都会想要毫不客气地回击："怎么了，有意见吗？""吃个痛快有什么不对吗？""说明我身体健康，吃吗吗香！"

又不是把别人的那份给吃了，难得痛快地吃顿饭，真是拜托不要说这种煞风景的话。

看着别人大快朵颐的样子，按说自己也会开心啊！比起和筷子一动不动的人吃饭，和能吃的人一起吃饭显然更自在。

如果对方说这句话是要表达"你吃得真开心啊"这个意思，就还好些。但如果对方用嘲笑的语气说这种话，就真的让人生气了。

　　我的朋友们身材都比较瘦小，但吃饭时，她们都像大胃王一样。每当别人说她们"可真能吃呀！"，她们就会不约而同地说："唉，说这话可太伤人心了啊！"

　　瘦的人都有这种感受，普通体形或者胖胖的人就更讨厌这话了。

　　如果是很在意自己的体形的人，听到这话就更伤心了。

　　"怎么，我的好胃口让你意外了吗？"

　　"是你吃得太少了吧！"

　　以前，我见过有人这样硬顶回去。

　　但结局往往是饭局上的人会以为你开不起玩笑，现场的氛围会瞬间冷下来。

　　这可是饭局啊，正经反驳确实会制造不好的气氛。既然如此，不如圆滑婉转地处理。

　　其实有种很好的回答，那就是——"我又不走美女路线。"

　　我以前参加过一个酒局，上面这句话就是我从酒局上的一位 30 多岁的女士那儿听来的。

　　任谁看都会觉得那位女士风姿绰约，没人敢说她不是美女。

　　那位女士却将"食欲的旺盛大于风姿"作为回应，真是精彩！

　　而说出那句讨厌话的人愣住了，露出尴尬的表情后，装作自己从未讲过一般，开始向邻座的女士搭话。

　　这时，我脑中不由得浮现出这几年大热的电视剧《X医生：外科医生大门未知子》中的女主角的身影。

　　没错，就是电视剧中米仓凉子所饰演的大门大夫。这部电视剧在 2017 年斩获电视剧类收视率第一的宝座。

　　无论是谁，都会与聪慧时尚、心直口快、利落飒爽的她产生共鸣吧？

　　而且，大门大夫对于好吃的东西是很着迷的。

　　在烤肉面前直呼"肉！"的样子，即使从女性视角来看也非常可爱、有魅力。

　　如果有人说她"你可真能吃呀"，她肯定会用一种"说这个我可不输给谁"的语气回击道："我又不走美女路线！"

　　强烈推荐没看过这部电视剧的读者去看看。

在银座，女招待们有时会顺从客人的意愿，跟客人一起吃水果或者巧克力。

不小心吃多时，会被客人说："你可真能吃呀！"

这时候，没有人气的女招待一般会说："不好意思啊，肚子有点饿了。"

有些人气的女招待则会说："胃口好嘛，哈哈哈！"

人气超高的女招待会这样说："甜点呀，就像汽油一样——"

接着，再表情淡然地来一句："已经加满了。谢谢招待咯！"

当然，第二天，她们还会给客人专门发一条道谢的短信。

那么，再被人说"你可真能吃呀"时，你知道该怎么回应了吧？

为心灵武装上铠甲的金玉良言

说起结婚，我的内心毫无波澜，甚至想吃猪排饭。

——大门未知子

电视剧《X医生：外科医生大门未知子》

的主人公

不得不说，很多女孩是会在意自己的胸围的。

有些女孩不喜欢自己的小胸，比较羡慕有乳沟的女孩。

如果被人说胸小的话，她的心就会被深深地刺痛，因为有些人的口吻会让她觉得胸小就跟犯了什么罪似的。

酒水入肚，理性容易失守。

联谊时或者朋友聚会时，大家推杯换盏，起初的紧张气氛烟消云散。不过到了这时，情商不够的人就该上场了。

"你没胸呀！"

说出这句话的应该是个男生，女生是不会和女生说这种话的。

和男生不会跟男生说"你秃头"是一样的道理，女生不会当面对另一个女生的胸部说三道四。

女性的魅力并不在于胸的大小。

气场强大的女性会这样回应："通过胸部大小来评判女性，低级、狭隘！"

但是，即使跟他慢条斯理地辩驳赢了，场内的气氛也会冷下来，所以很多人都选择忍了。

接下来，我给大家讲讲两位女士对情商低的人士进行的精彩反击。

性格有些强势的 T 女士在联谊时被人说了"平胸"，她立刻对那位男士说："你喝的只是啤酒吧？还喝得磨磨叽叽的。"

说完，T 女士自己猛干了一大杯啤酒，之后，从喉咙深处发出"啊"的一声，并咣地把啤酒杯放在酒桌上。

那位男士目瞪口呆。

身材苗条、个子高高的 S 女士在被说这句话时，脸上带着微笑说道："我是男的。"

对方惊呼："真的吗？"

S女士回答道："真的呀！"

那位男士瞬间蒙了。

真是让人佩服！

T女士和S女士都对自己的胸有自卑感，在饭局上受过很多次伤。

她们很悲伤，又很不甘心，每日都在绞尽脑汁地思考怎样能双倍反击对方，最终想到了以上对策，反击成功。

即使在银座的高端俱乐部，也有对着身材苗条的女招待说出这种情商低的话的客人。

在聊天中，明明谁也没提关于体形的话题，情商低的客人却突然说起来，并且对女招待的身体指指点点，真是可怕。

没有人气的女招待会说："真过分！"她努力地挤出笑脸，却掩饰不住受到的打击。

在这之后，她接待客人也变得兴味索然。真是让人无奈啊！

有点人气的女招待会顺着来一句："你其实是喜欢胸小的吧？"（这是有人气的前辈替后辈打圆场的常用话术。）

人气超高的女招待会这么说："你看你这眼神，你刚才看的明明是我的后背。"

这样一说，客人就无言以对了。

这就是序章里讲到的"矛"。

说了这话，对方应该就不会得寸进尺了。

但是，这是饭局。

如果对方还缠人地继续这个话题，就用以下这句来回击吧：

"再说我就要报警啦！"

即使是女招待，也有不少人对自己的体形有自卑感。

"屁股大""脚大""手臂粗"等，对在意这些的女招待们说这种话的客人，都会被有人气的女招待敏捷地笑着回道："再说我就要报警啦！"

为心灵武装上铠甲的金玉良言

以牙还牙，加倍奉还。

——半泽直树

电视剧《半泽直树》的主人公

3 – 3

所以说你交不到
男/女朋友呀!

在聚会上，肯定会谈论"恋爱"的话题。

"交到女朋友了吗？""有男朋友吗？""交往多久了？""要结婚了吗？"等等。

这些问题如同锋利的弓箭，对准单身人士，紧追不舍。

恋爱中的人或许还不会讨厌这样的问题，能对答如流，甚至会把两人的合照跟在场的人分享。

而对没有恋人的人来说，这种时刻只会令其难受。如果发问的一方并未絮絮叨叨地分享自己的幸福，那真是件令人开心的事。

这时如果有个情商低的人登场，就会把你的好心情给一下击没。

这种人真的很讨厌！

　　多年没有谈恋爱的 E 在公司的聚会上说："如果有不错的人，大家能否给我介绍一下呀？"恋爱问题让如今 40 岁的他很是烦恼。

　　一天，有位女同事问他："你喜欢什么样的呢？"

　　然后他就一本正经地说起他喜欢的类型。说完，他就从女同事那里听到了令他感到不可思议的话：

　　"怪不得交不到女朋友呀！"

　　真是很过分，怎么会有人这么说话呢？本来是闲聊喜欢的类型这种稀松平常的话题，E 却震惊到什么话也说不出来，只能坐在那儿叹息。

　　如果对方说"这要求高了点吧"就还好。"怪不得交不到女朋友呀"这种话好像完全是在否定自己，搁谁都会深受打击啊！

　　这时候如果回答"标准太高了，自己也很是烦恼"不是不可以，但心里还是会有些不甘。而且，标准高点也不是坏事吧？

　　要是鼓起勇气和对方说"你是不是太过分了啊"，恐怕会变成一场对骂。

因为现在是在酒局上，这是很容易失去理智的场合，所以要十分注意。

那么，我们何不借助这个场合的力量？这时，我们稍稍强硬点也无所谓。接下来，我要传授给你一句回应的话：

"但是我交往过哦！"

怎么样，是不是神清气爽了？

只是碰巧现在没有而已，以前可是有过的。

即使长年没有，也可以用这句话来回击。

这样就变为并不是从出生到现在都没有谈过恋爱了。

10年没有谈过恋爱的J是一个特别可爱的女生，但是有点任性。就算是在聚会上，她也会不由得做出任性的行为。

因此，她经常会被人说："所以你找不到男朋友啊！"

但是这次，她是这么说的："我有过哦！"

对方一脸震惊，此时J再次跟对方说："对，有过哦，怎么了？"刺下了最后一刀。

对方从此什么也不说了。

在当今社会，问"你有男／女朋友吗"简直是一种骚扰。但实际上，在酒局上经常会被问到这种事。

在银座，也有问"你有男朋友吗"的客人。这种话就像日常的寒暄，大部分女招待都能轻松地对付过去。

但随着酒意渐浓，有的客人就会对女招待说："所以才交不到男朋友吧！"这时，就算对方是客人，也会让人忍不住生气。

没有人气的女招待经常会说出些丧气的话："可能我这一辈子也交不到了吧？"

有人气的女招待则会强调："只是现在没有。"

人气超高的女招待会这样说："那你们谁能介绍个好的过来吗？"

让我们以强硬的方式回应"所以说你交不到男／女朋友呀"！

即使过去没有，也要用"有过哟"这句话给对方点颜色看看。

或者用"那你们谁给介绍个好的过来"这句话，把皮球踢出去。

为心灵武装上铠甲的金玉良言

软弱会使对手变强。

软弱会受制于刚强。

刚强能压制软弱。

刚强亦能屏退刚强。

——星野仙一

原日本职业棒球选手、教练

3 – 4

你说的一点
都不好笑

你说的一点
都不好笑。

在公司或者朋友间的聚会上说了些热场的话，却突然被说"一点都不好笑"，火气噌的一下就上来了。

如果是插科打诨的语气倒还好，一本正经地说出来的话，则会让整个场子鸦雀无声。

这可真是让人受不了，简直如蒙大耻，心里的火噌噌往上冒，就很想反驳对方："那你就很有趣吗？"

如果对方是同事或者朋友的话，你可能立刻想说："呵呵，真是不好意思啊，我的笑话是不好笑。"

但是，这么回应可能又会被说："别闹别扭啦！""别计较啦！"

你看，就算回击了，别人也会认为你在闹情绪，得不偿失。

把自己的反抗暴露出来的话，别人会真的认为你是个无趣的人。

在丧失信心之前，是不是很想立即狠狠地呲对方一下，并且达到能获得周围人认同的效果？

不用担心，有办法。

我来分享一下在一家女性居多的公司中工作的 S 君的故事吧！

在聚会上，S 君一边讲关于食物的笑话，一边为女士们端盘取菜，女士们可以说是很享受这种待遇。

这时，坐在 S 君斜对面的男性前辈突然说了一句："你这小子讲话好无聊啊！"

聚会的热闹氛围瞬间消逝，令人厌恶的气息开始流动。这时，S 君回答道："还不是前辈您指教得好。"

很震惊吧？那个前辈一边指着自己说"嗯？我？你说什么呢……"，一边把饭菜塞进嘴里，好像在掩饰自己的尴尬处境。

女士们发出阵阵轻微的笑声。看到这儿是不是很解气啊？冷静的 S 君往后肯定会成为公司里的风云人物。

S 君后来说道："真的想说'前辈，有您这么说话的吗？'，但这样会变成要干架的意思。我想起了曾几何时在一本书中读到的'镜像法则'，从中得到了启示，干脆利落地回击了对方。"

精彩！

在银座，偶尔会有客人在酒精的作用下对女招待说："你说的话好无趣！"

这时，没有人气的女招待只会认真地对客人说声抱歉。

这种应对方式也说不上不好，但是接不上话题的话，就只能终结对话了，这对女招待来说是不专业的。

有些人气的女招待则会说："今后会好好向前辈学习的。"即使不甘心，也要笑脸相迎，积极回应。

接着，客人就会稍稍满意地说："很好，很好，请一定要这么做，好好地向你的 × 前辈学习哟！"后面话题就会转向这位前辈了。

超有人气的女招待会怎么做呢？

原本，人气超高的女招待既懂得倾听，口才又好，几乎不会被客人说"无趣"。

即使如此，几年下来也会有那么一两次接待客人不够热情的情况发生。

客人一旦露出无聊的表情，女招待立马就能明白。

这时，她就会问："最近有什么让您恼火的事情吗？"

"我吗？"客人问道。

然后，女招待就会看着客人说："是呀！但感觉客人您平时总是一副很平和的样子，所以并没有什么能让您恼火的事情吧？"

接着，客人就会回答："还是有的……有的……"这样，他就会开始讲自己的事情了。

为心灵武装上铠甲的金玉良言

即使做着无趣的事，也一定要做有趣的自己。

——村上萌

生活节目制片人

你岁数不小了吧?

"你岁数不小了吧？"这真的是非常没有礼貌的话！

即使是在饭局上，问年龄也是很不礼貌的，还加上"不小"俩字，到底是什么意思？！

35岁的L女士在联谊时被坐在她正对面的一位40岁的男士说："你岁数不小了吧？"L女士的心情立刻变得极为糟糕，感觉受到了很大伤害。

女士们都是带着"我最漂亮"的想法来参加聚会的，却被初次见面的男士突然这么问，当然是受不了的。

"被问到这个问题时，我犹豫了一下，但还是回答了。因为有些不甘心，却又有点心虚，所以少报了5岁。"L女士说道。她回想到，当时的心情真的是差到极点，不论是酒还是饭菜，都没有胃口继续品尝了。

同为女性，我真的很理解这种感受。

对大部分女性来说，说这种话真的非常不礼貌，而且伤人。

我常去的一家法国餐厅的老板娘这么说道："为什么这么多日本男性在初次与女性见面时就急于知道对方的年龄呢？究竟是想通过年龄来判断什么呢？"

大多数欧美人并不会在初次见面时问女士的年龄。

欧洲人认为，年龄越大的女性，所积累的经验就越丰富，女性的魅力就越大。特别是在法国，恋爱与年龄无关，女性永远是被爱慕的对象。

然而在日本，很多女性正在被年龄的问题困扰、伤害。

R女士在公司的欢送会上遇到了很久没见的男性前辈。这位前辈一见到R女士就问："你今年多大了来着？"之后还说了句："还以为更大一些呢！"

听到这些，R女士很生气，不服气地反击："你这是说我老的意思吗？如果是这样，前辈你也老得没有资格说我了。"

糟糕了，心直口快的两个人……

大家都能想象到两人之后吵起来的场面吧？

无论是谁，都想让自己看上去年轻些。

被人说了不礼貌的话，不需要忍让，但是演变为吵架，只会让自己更不舒服。

那怎么办才好呢？

请大家务必参考银座女招待们的精彩反击。

随着酒入肚肠、酒意渐浓，不少客人会对女招待说："×呀，你年龄已经不小了吧？"

没有人气的女招待通常无言以对。

有些人气的女招待会说："您看得可真不准。"

人气超高的女招待则会笑着撒娇，说一句："喂，老眼昏花了吗？"

这个话题也就过去啦！

年轻女性没有不可爱的，即使是从女性角度来看，也是如此。

　　绽放自身的光彩，将自己的人生经验化为成长食粮，让年轻可爱的女孩渴望成为"像×女士那样的成熟女性"，这是多么棒的一件事情！

　　如果能让日本的男人们意识到女性在岁月的加持下更能散发出独特的魅力，该是多么令人高兴的事啊！

为心灵武装上铠甲的金玉良言

罗马非一日建成，金刚不坏之身也非一日锻造。

——绫小路麻吕

日本著名单口相声演员

第 4 章

家长会上的难听话

4 – 1

怎么不出去
工作呢？

　　"怎么不出去工作呢？"当孩子的同学的妈妈问出这种问题，不管她们如何措辞，我都觉得她们是多管闲事。

　　如果是关系很好的朋友倒还没什么，可如果是刚认识不久的家长问这种话，那我就不乐意了。肯定是因为没有去工作的必要，或者是处于不能工作的状态，才没有工作的啊！但是也不想被别人揪住这个说三道四的啊！

　　家庭分工和职业规划因人而异，没有人希望自己的生活被别人指手画脚吧？

　　再说了，我想工作就工作，不想工作就不工作。

　　想对那些妄图干预他人的"妈妈友"说一句："你们多管闲事好烦人啊！"

　　大概 10 年前，一个全职育儿的母亲还不会被苛责必须兼顾工作和家庭。

结婚、生孩子后也继续工作的新时代的女性越来越多，但并不是所有人都选择了这种模式，还是有很多全职主妇的。

近年来，参加工作的妈妈不在少数。

有人是在孩子去幼儿园或学校的时候做全职工作，有的则是做点兼职工作。从这几年幼儿园的入园情况来看，就不难想象，参加工作的妈妈到底增加了多少！

许多全职主妇也知道，这样的风潮如今席卷了整个社会。正因如此，被人问到"你为什么不工作"时，一下子就会有种像是马上要被整个社会抛弃了的感觉。

事实上，宝妈的很大一部分烦恼来自和"妈妈友"的关系，以及和"妈妈友"的交流方式，比如被其他人问到"你为什么不工作"之类的问题时，就很烦恼。

当年我完全沉浸于当全职主妇，经常被问："你不工作吗？"

我很难回答这个问题。如果想要去工作的话，我也许并非做不到，但每天做家务、做饭、照顾孩子就让我竭尽全力了。

正因为有这段经历，我非常理解全职主妇的心情。

尤其是成为单身妈妈之后，我不得不重回职场。

重新进入社会后，我目睹了职场的残酷和艰辛。

在这个经受严峻考验的过程中，我终于明白了工作的价值，体会到了工作的喜悦。

总之，无论是全职主妇还是兼职主妇，大家都有着各自的辛酸和精彩。

回到开始的话题。

我认识的一位全职主妇被人问道："你又没有小孩子，怎么不出去工作呢？"她用稍显强硬的语气说道："没工作的必要就不工作！"之后两人的关系就变差了。

在参加家长聚会时，她很明显地感觉到气氛与之前不同。

内向的人还在犹豫该怎么回答，现实往往是什么都还没说，话题就草草结束了。

但今后就不要紧了。

就在最近，一个宝妈的回答让我不禁赞叹。她曾是一名干劲十足的职业女性，但成为全职主妇后，守护家庭就成了她的梦想。因此，每当有人问她"为什么你不工作"，她都会强势地回答："因为我想好好打理自己的家。"

我认为她这种把关注点错开、突出作为全职主妇的优势的回击法，是很了不起的。

其他妈妈说了一句"确实啊"，之后就不再说这个话题了。

当然，我不是说重回职场的妈妈就兼顾不了家庭。

即使有工作，家里也井井有条的家庭有很多。

总之，全职主妇如果被问到"为什么不工作"，这样回答的话，我觉得是非常高明的。对那些瞎操心的"妈妈友"，用其意想不到的方式去回击，她们就说不出什么话来了。

为心灵武装上铠甲的金玉良言

我觉得没有比全职主妇更辛苦的工作了。

——黑柳彻子
女演员、主持人

4 – 2

这孩子没爹，
真可怜啊！

　　和其他宝妈聊天的时候，突然被说一句"这孩子没爹，真可怜啊"，心情会变得很糟吧？

　　成为单身妈妈的原因因人而异。
　　如果不知道详细情况，就请不要乱说。
　　别的宝妈的无心之言，有时会使你受到短时间内无法振作起来的打击。更何况孩子或许也会听到，小朋友是一定会沮丧的。

　　我觉得心思敏感的人简直会心绪不宁到说不出话来。
　　强势一点的人可能会说："不啊，这有什么！"
　　即便如此，对方也很可能认为你只是在逞强罢了。随着时间的流逝，你内心的愤恨或许会持续增加。

哪怕是为了保护孩子，也不能再保持沉默了！

"没有父亲就可怜"，这是一种偏见！

如果妈妈能过上自由快乐的生活，孩子就不会感到自卑。

只要保持自信，堂堂正正地活着就好了。

我也曾几次被其他宝妈说："孩子还小就没了爸爸，真可怜啊！"每每听到这些话，我都会感到心痛。一想到自己的孩子肯定也很寂寞，我就对孩子充满歉意。

但是，如果妈妈把与爸爸同等的那份爱也倾注到孩子身上，每天和孩子进行交流互动的话，也就没什么可担心的了。

孩子看着妈妈的背影，也能茁壮地成长。

每天努力工作和养育孩子的单身妈妈 M，在孩子的小学活动结束后，在运动场上被宝妈们说："爸爸不在了，孩子看着怪可怜的。"她笑着回应了一句："莫曼泰。"

你知道这是什么意思吗？这是日本搞笑艺人组合 99 的冈村隆史主演的中国香港和日本合拍的电影《无问题》里

的话。

　　所谓"莫曼泰"，音译自中国的广东话"无问题"，英语是"No problem"。

　　在电影中，冈村饰演的大二郎接受了"无论别人说什么，都只要回答'莫曼泰'就可以了"的建议，在语言不通的香港，作为电影替身活跃着。

　　这部电影的情节与众不同，让观众们实实在在地从中收获了勇气。正因如此，它成了我最喜欢的几部电影之一。

　　M 小姐也不管对方是否知道这部电影，就回了一句"莫曼泰"，对方则一脸疑惑地"欸"了一声。

　　"我是说 No problem，就是没问题的意思。"M 小姐告诉了对方这句话的意思。

　　"没问题"在日语里写作"大丈夫"（这部电影的主题曲就是《大丈夫》）。

　　你只要用这句话回应对方，对方以后就不会再对你说什么了，真是痛快！

银座的女招待中也有单身妈妈。

当然，告不告诉客人这件私密的事，要看个人。

碰巧我工作的店里有个女招待，她跟客人说过自己是单身妈妈，开朗地谈论孩子的事情的她反倒很受欢迎。

有一次，一位客人突然对她说："快点找个好人家吧！没有父亲的话，孩子多可怜，你也很不容易啊！"

她忍了忍，爽快地回了一句："为了得到幸福，我才要当单身妈妈的。"

干得漂亮！

后来这位客人说："我很佩服这样积极向上的她。"

补充一句，我觉得离婚不等于不幸，我相信不会有为了不幸而离婚的人。

离婚的人都是做好了在经济上变得困难的准备，选择了让心灵变得富裕。

为心灵武装上铠甲的金玉良言

没关系，小意思。

——伊诺克
人气游戏《全能之神》的主人公

4 – 3

她可说你坏话来着

啊，活在宝妈的世界真的很辛苦！有这种感受吧？

一个接一个地来打小报告，这些刻薄的宝妈啊！

也许，宝妈之间的矛盾最容易由此爆发吧！

当然，也有真的是为那个人着想才忍不住要告诉她这种情况。

这种是"忠告"。忠告是建立在亲密的、信赖的关系上的。

很遗憾，现实中更多的是在告状。

"×妈妈说了你的坏话。"

在午餐或下午茶的时候，又或者在学校的操场上，她们会突然说这样的话。

真是烦啊，麻烦死了！

毕竟事出突然，听者会难以掩饰内心的好奇。

大多数人会问："啊，真的吗？她说了什么？"

但是，这时问这句话是很危险的！不能轻易相信那些喜欢在背后说闲话的宝妈。

尖酸刻薄的宝妈是我们需要注意提防的人物。"尖酸刻薄的宝妈"特指比谁都喜欢说别人闲话、坏话，让事情无限发酵的麻烦制造者。

"她这么说太过分了！"其他宝妈帮腔道。此时帮腔就仿佛充满优越感，大家会一起指责说别人坏话的人，甚至还会开始说其他"妈妈友"的坏话。

就这样，大家被拖进了恶语的旋涡，甚至会导致纠纷。

我家孩子读幼儿园的时候，我曾和几个宝妈一起喝茶。

突然，一个宝妈对宝妈 K 说："×妈妈说你坏话了。"

K 难掩震惊地问道："她说了什么？什么时候说的？"像要查明真相一样问了起来。

结果，因为其中一个宝妈的一句"那太过分了"，谈话的对象变成了说别人坏话的×妈妈，大家甚至还说了与这个宝妈关系很好的另一个宝妈的坏话，下午茶变成了只说坏话的下午茶。

可怕的是，话题刹不住车了，甚至连当时一起喝茶，只说了一句"那太过分了"的宝妈，也在几天后被其他宝妈告知"有人说你坏话了哦"，事情愈演愈烈。

这真的非常烦人啊！

对待这种尖酸刻薄的宝妈，最好的方法是展现出不为所动的态度。

基本上，只要说一句"谢谢您的好意"就可以了。

即使再在意，你也要尽量表现出不在意的样子。

或者，你可以这么说：

"然后呢？您帮我反驳她的话了吗？"

这句话相当有效，因为包含了"您和我是一伙儿的吧？您会支持我的吧？"的意思。本来享受告密的宝妈，会一下子很难回答这个问题。

刻薄之人也会被刻薄到吧，哈哈！

不仅仅是宝妈，同事和朋友也一样。

喜欢间接去伤害别人的人，并不值得成为朋友，你只把他当成某个认识的人就可以了。

　　银座的女招待之间也发生过这样的事情。

　　没什么人气的女招待通常会问"她说了什么"，十分在意。

　　受欢迎的女招待则完全不为所动，笑着回答："是吗？谢谢您的汇报。"

为心灵武装上铠甲的金玉良言

不要违背潮流，但也不能随波逐流。

——弘世现

日本生命保险公司原社长

新学期第一次家长会上会决定由哪位家长来担任本年度的班级家长干事，对孩子读幼儿园或小学的宝妈来说，每年的 4 月称得上恐怖月！

如果有人说"我来做"的话，决定起来就会比较快。

但这种事情可以说是不可能发生的。一般来说，即使是平时最精神饱满且爱说话的宝妈，这个时候也会一直低着头，那场景……

教室里弥漫着令人感到压抑和恐怖的沉默。

那是一种独特的氛围，我想养过孩子的宝妈应该都经历过吧？

虽然有最终靠猜拳决定的情况，但是也有好几小时都没定下来，一直拖到日落的情况。

"有谁能帮帮我吗？"

看到班主任简直要双眼含泪了，一个温柔的宝妈鼓起勇气举起手说："要是我可以的话……"其他宝妈心想：啊，终于可以回去了！

若是哪个班有几个爱找碴的宝妈，就不会是沉默了，有时可能会发生激烈的小规模冲突。

"就应该让没当过的人当！"

"老娘也不稀罕当！"

"要是打工没时间当的话，换换班不就得了？"

这些恶意找碴的宝妈，一有不如意的事就开始抱怨。

大儿子已经上小学三年级的宝妈 F，去参加小儿子幼儿园的家长干事竞选，在走廊里被前一年担任干事的宝妈叫住问："你为什么不做干事？"

F 简直害怕到身体都有些颤抖。"现在的话……我做不了啊……"她好不容易从嘴里挤出几个字。

真可怕！对老实的宝妈来说，那是一种近乎恐吓的语气。

我打心底里觉得那些明知对方是像小动物一样老实的宝妈还出言相逼的人，就如同老虎或恶犬。原本安安静静的教室，变成了类似富士野生动物园的"主妇野生动物园"。

老实的宝妈或许还会在竞选会上被再次点名批评、责难："×，你为什么不做干事？"

"因为我家大儿子有考试""因为我必须照顾老人""因为工作很忙"……就算你心惊胆战地解释了家里有事情，她们的号叫也不会停止。

在这种情况下，有一个宝妈如同驯兽师一样，用漂亮的回话止住了她们的号叫。

她是这样说的："以我家的实际情况，我今年是不可能担任干事的！"

比起列举详细的理由，这句话更高明的地方是突出了"今年"这个词。

这句话有"明年或许能担任干事"的意思，也传达了"今年出于一些客观原因，无论如何都担任不了干事"这种明确拒绝的意思。

"客观原因是什么？"如果被问到，再讲出具体的事实就可以了。

如果搬出"准备搬家""照顾老人""经常出差"等真实情况，你应该是会被她们理解的。

当然，拒绝的理由是以真实为前提的。

毕竟拒绝的是不是每个人都喜欢当的班级家长干事，所以不能撒谎。

谎言被识破的话，会破坏人际关系，这点务必注意！

好了，以后就不用再感到恐惧了，就用"今年是不可能的了"挺过去吧！

为心灵武装上铠甲的金玉良言

　　真诚地面对自己，才会让人感同身受。

——圣雄甘地

印度独立之父

4 - 5

你今天倒是干劲十足啊!

还有一种惹人心烦的东西，那就是嫉妒的扭曲心理。

记仇、偏见、嫉妒是三位一体的。

三者与性别无关，而是人类天生的情感，会在各种各样的场景中显露、展开。

孩子上小学二年级的某个妈妈，家长听课日那天在学校鞋柜前遇到一名同学的妈妈，被对方突如其来的一句"你今天努力得有些过猛了啊"吓了一跳。

这太唐突了，这个妈妈只能小声嘟囔一句："没有的事啦……"

在宝妈的世界中，嫉妒通常是竞争心理在作祟。

无论是小孩的学习、考试，自己的穿着打扮、婚前的职业，丈夫的职业和学历，还是家里的装饰水准，嫉妒的原材料层出不穷。

　　在孩子还在上幼儿园或小学的时候，妈妈一般会选择默默忍耐着直到孩子毕业。理想模式是一边与别的妈妈保持一定的距离，一边站在对方的立场上巧妙地与其相处。可一旦碰到个嫉妒心强的妈妈，一直沉默免不了会加深误解。

　　常见的是围绕着年轻帅气的老师的"被迫害妄想"。

　　年轻帅气的老师，无论在哪个学校都会成为偶像般的存在吧？

　　证据就是，哪天有那个老师的公开课，妈妈们就会相应地发生变化，比如打扮得更时尚漂亮，上课时眼睛会变成心形。

　　这并不是什么坏事。

　　女性想要永远美丽可爱的愿望是很好的。

　　但遗憾的是，嫉妒心强的妈妈们可不喜欢别人这样。

　　她们会把讨厌表现出来，哪怕一个妈妈和帅气的老师说话的时间稍微长了一点，她们都会很在意。

　　本来直接夸一句"今天很漂亮啊"就行了，嫉妒心强的妈妈却表现出了对抗心十足的态度："你今天真的是鼓足干劲做准备了啊！"

如果嫉妒心再强些，可能会以为"×妈妈恐怕是在勾引老师吧"。

这种误会是很过分的。

再说了，充满干劲、打起精神有什么不好的吗？

面对这种低级的嫉妒，只需要用同样尖锐的方式去反问她们：

"要不你也和我一样？我可以带带你。"

想必被这样回复的那个嫉妒心强的妈妈，会无法掩饰自己的震惊，站在那里呆若木鸡。

如果这话不好说出口，你也可以说："你也鼓足干劲去准备比较好哦！"

你要对自己有信心，不要在意那些喜欢嫉妒别人的妈妈。

想打扮的时候就打扮，继续鼓足干劲吧！

为心灵武装上铠甲的金玉良言

气势！气势！气势！

——Animal 滨口

女子摔跤选手滨口京子的父亲

第 5 章

亲近的人说出的
令人意想不到的
讨厌话

5 – 1

你变胖了？

"你变胖了？"

啊，这句讨厌的话果然出现了！

被亲近的人这么说，真的挺受伤的。

虽说亲朋好友之间不需要非常讲礼数，但也用不着讲这种多余的话吧！如果不是有这层亲近的关系，我们早就该暴跳如雷了吧？就算察觉到别人胖了，也不用说出口吧？想到这儿，真的气不打一处来。

虽然不会当场发怒，但听到这些真的会很不高兴。

他们是不是以为我们不会在意这种事？

不不不，我们超级在意！

对容颜、身材，无论男女，都会超级在意的。

"你身材变得丰腴了呀，看起来很健康"，这才是赞美的话，闻者当然不会觉得讨厌。

但是，"你变胖了？"这句话就像在说"你变丑了"，受伤的人就更受伤了。

更有甚者会说："你又胖了呀！"这个"又"字……

一些怯懦的人会默默地想：瘦的人是无法理解我们的心情的。

但是，即使很不甘心，也无法对亲近的人进行强力回击。

同样，瘦的人也难以逃脱这种事。

亲朋好友一样会问："你瘦了？"

举个例子，如果是"你瘦了？变漂亮了"，那么这是赞美的话。

但是，单单问"你瘦了？"，就会让人备受伤害，因为这句话会给人一种自己身体不健康的感觉。

说到这儿，我想起了某位朋友说过的一件事情。

上班的午休时间，朋友的同事突然对她说了一句："你瘦了？"她心里咯噔了一下。

她是吃不胖的体质，真是让旁人羡慕，但她本人一直是想变得丰腴一些的。

"胖的人是无法理解这种心情的。"

虽然想这么说，但又做不到，只能在心里叹息一声。

自己的体形被人指指点点，真的会感到很受伤。

是不是不甘心，无论如何都想痛快反击一次？

交给我吧！有一句很好的反击之语教给你。那就是——

"从什么时候开始的？"

有一次我在公司的咖啡机前排队等候，此时传来路过的某位营业部男士那响亮的声音："你是不是变胖了？"

那一瞬间我以为他是在问我，心开始像击鼓般震动，但脸上强装镇定。可实际上，他是在问接咖啡的那位女士。弄清楚后，我松了一口气。

那位女士有些生气，却镇定地说："从什么时候开始的？"

真是精彩的回击！那位男士一脸疑惑，然后发出一声"啊"，接着沉默了几秒钟。

那位女士又问了一次："什么时候开始的事？"

被问到的男士支支吾吾地说道:"这……我也不清楚啊……"说完就离开了。

从此以后,那位男士都不会再向女士们说这种话了吧?哈哈!

在银座,有些客人会突然对女招待说:"×,你变胖了?"

没有人气的女招待会嘟起嘴说:"你真过分呀!"

有些人气的女招待会轻描淡写地说:"果然让人觉得变胖了呀!"

人气超高的女招待则会说:"和哪个时期的我相比呢?"

然后再说上一句:"您上次光顾是什么时候呢?"有力地补上一刀。

客人就会苦笑着说道:"哈哈,输给你了。"

被问到"你胖了""你瘦了"时,记得反问一句:"什么时候开始的?"

像投掷飞镖般将问题还给对方,对方也就无话可说了。

为心灵武装上铠甲的金玉良言

人生就像飞镖一般，循环往复。

——戴尔·卡耐基
作家、人际关系大师

5 - 2

你还没结婚吗？

"你还没结婚吗？"

真是多余的关心！

结不结婚，是私事。

而且，又不一定是一辈子都不结婚。真是多管闲事！

30岁的I女士和男朋友已经交往近4年了。最近，她去参加朋友聚会时，被一位已婚的朋友这样问："你还不结婚吗？"

听到这句话，I女士很生气。

"这样就挺好了。现在也不是特别想结婚……"

在其他朋友面前，I女士总是这么回答。

但这不是她的真实想法。

I女士其实很想结婚，她只是在等待男朋友的求婚。

与其说朋友是在担心她，倒不如说只是随便一提而已。

虽然朋友没有恶意，但被说到痛处，听的一方心里并不好受。

对没有恋人的人来说，这么问会令其更加不舒服。

30 多岁的 G 先生在参加亲戚的结婚典礼时，遇到了多年未见的舅母。舅母见到他，就追问道："你还没结婚吗？"听到这儿，G 先生被堵得说不出话。

如果回答"还没呢"，紧接着就会被问："那应该有正在交往的人吧？"

真的非常烦人。但 G 先生只能压住心中的烦躁与无奈，回答道："一个人生活会更自在些。"

然而舅母紧接着说："你现在年轻，觉得没什么，老了以后可就寂寞了。"

啊——不能再聊下去了！ G 先生就借口要去厕所，出去了。

我们常常会听到这种说法：结婚生子、成家立业才是安定幸福的生活。

但也有不少人对此持怀疑态度：这样就一定会幸福吗？

这个问题交给我吧！

我这里有能让你竖起大拇指的好答案。

在难得举办一次的同学聚会上，40多岁的丫女士从一位已经成为两个孩子的爸爸的同学口中听到了这句话："丫，你还不结婚吗？"

丫女士立刻回答："会结婚的哟！"

"那什么时候结婚？"他追问道。

"会呀，以后吧！"丫女士轻飘飘地回答道。

对方对丫女士的回答感到很震惊。

"真的吗？什么时候？"那位同学竟然还在问。

真是烦人啊！丫女士发出了最后一击：

"说了啊，以后！"

那位同学只能说："啊，是吗？"之后就把嘴闭上了。

在银座，有的客人会对女招待说："你还不结婚吗？"

这时，没有人气的女招待会说："虽然想结婚，但是没找到合适的对象呢！"真是诚实、直率的回答。

　　有些人气的女招待会这样说："明天之后会结婚吧！"

　　"真的吗？"客人会震惊地问。

　　"真的，是明天'之后'哟！"向客人强调。

　　"啊！之后呀！"客人立马大笑起来。

　　人气超高的女招待则会轻飘飘地说："那和我结婚吧！"

　　听到这种回答的客人会怎么想呢？

　　"虽然有些惊喜，但这件事可不行。"客人会一边窃喜，一边一本正经地拒绝。哈哈！

　　人一旦太实在，就会把不想说的事情正儿八经地说出来。

　　结果就会像被诱导性审问一样，被对方接连不断的提问攻克。

　　为了不演变成这样的局面，就不要过于老实地回答别人的问题，糊弄一下就可以了。

　　用糊弄的话语保护真实的自己吧！

为心灵武装上铠甲的金玉良言

　　遇到危机时，运用糊弄的话术是脱离危机的关键。

———表三郎
经济学家、思想家

5 – 3

你还没有孩子吗？

"你还没有孩子吗？"

真是多管闲事！而且，这是最隐私的事了。

怀胎、分娩都由女性的身体来承受。

因此，对想要孩子的女性说这句话毫无疑问是很过分的。

尤其是正在进行不孕症治疗的女性，这句话会给她们施加天大的压力。

对没那么熟的人，被问到一次两次还能微笑着回答"还没呢""顺其自然"。

但是家人、朋友、曾经的上司这些与自己近距离接触的人三番五次说起这种事，你微笑回答之余，你的心一定会不由得刺痛。

　　我也有过没能成功受孕的时期，还经历过流产和胎停。所以，对想要孩子却一次次未能如愿的痛苦，我能感同身受。

　　即使对对方的情况不了解，有的人也喜欢说宛如社交辞令的话："还没有孩子吗？""要生第二胎吗？""再多一个比较好哦，凑成一对。"听到这些话的人就算个性开朗，或许也会很受伤、很失落，感觉压力重重。

　　"孩子，孩子，整天挂在嘴边，很烦啊！"
　　"孩子又不代表整个人生。"
　　"我压根还没认真考虑过这件事。"
　　想这样回答，到头来却说不出口，只能默默地承受伤害。
　　其实，对说了很多次这种话的人，你应该明确地表态："对我说这样的话，给我增加了不小的压力啊！"不这样清楚明了的话，别人是不会了解你的感受的。
　　而且，那些人是百问不腻的。

　　这其中最让人困扰的是被丈夫的母亲问这种事。
　　我也有过这样的经历。我结婚后，婆婆每个月都会很期待地问我："怀上了吗？"

我理解婆婆想要抱可爱孙子的心情，但每次被问到时，我都很难过，只能说"还没有"，回答的声音也变得越来越小。

于是，我从亲身经历和周边众多女性的经历中，总结出了一句有效的回答，那就是："以后总会有的。"

无论对方问多少次，统统回答："以后会有的。"

"以后是什么时候？"

即使被追问，也要坚持说："就是以后。"

以后再被问到关于这方面的问题，还是同样的回答："就是以后。"把这句话挂在嘴边。

这句话在语感上和上一节里的结婚发言是相似的——

如果被问到"还没结婚吗"，就回答"会结婚的哟"。

"那什么时候结婚呢？"

被这样追问的话就回答："会的哟，以后会结婚的。"

不断被回复相同的话，大部分人会放弃继续追问的，并且有一定的概率，在一段时间内不会再提起这个话题。

"以后会有的。"

将这句话变为最强的盾牌。以后再被问到一些不想回答的问题，就拿起这面盾牌，保护自己的心灵。

最后，我衷心祝愿想要孩子而不得的人未来能如愿以偿！

为心灵武装上铠甲的金玉良言

全盛时期？现在开始就是！

——三浦知良
职业足球选手

5 – 4

你总是这样

"你是在说什么时候的事情？"

夫妻也好，和父母、孩子、兄弟姐妹、朋友也好，有时候聊着聊着就演变成吵架了。造成这种局面的其中一个原因是"旧事重提"。

你如果认为大家都默认过去的事已经结束了，那就大错特错了。有些人会抓着你的过去大批特批。这些人，是真正的强敌。

已经发生的事情烟消云散了，记忆却是永远不会被抹掉的。

一对 40 多岁的夫妇在讨论最近要办的一场亲戚聚会。

突然，女主人说道："老公，到时候你可不要追着你的侄子和侄女问与升学相关的事情啊！"

"我知道了。"男主人回答道。

接着，女主人就开始把前几年的事情搬出来说："你总是这样。那次聚会也是，'那个谁，你想考哪个高中呀？''那个谁，你想去哪家公司呀？'很烦人地一直在问。"

有的人就是这样，情绪一上来就把陈谷子烂芝麻的事翻出来，甚至把毫无关系的事情也翻出来。

将他人的过往翻出来并逼迫他人，做出这种行为的可并不仅限于女性。

近年来，男性也越来越爱翻旧账。

20岁的H女士最近和恋人大吵了一架，导火索是男朋友的一句话："你总是这样。"

男朋友的一些言谈举止让H女士有些不开心，所以说了男朋友一两句，男朋友就开始用激烈的口吻翻旧账——"上次你也是这样。""还不止上次，上上次和那一次你也是这样。"

H女士对此解释道："我一开始确实用比较强硬的语气和他讲话了，这是我的不对。但他把两年前的事情都翻出来，说我的性格哪里哪里不好。听到这些，我真的火冒三丈。为了出口气，我也不服输地开始和他理论。"

翻旧账这件事本身就体现了对往事的耿耿于怀。

说明对方对以往发生的一些事情还没有谅解，或者认为这些事根本不可被原谅。总的来说，就是执念很深。

前面我说了，已经发生的事情烟消云散了，记忆却是永远不会被抹掉的。

哪怕你妥协地说"请饶了我吧"，也无济于事。

而且，每次遇到这样的事情都去道歉的话，人会很疲倦，内心也难免很气愤。

那要怎么办呢？请交给我吧！

在这种情况下，只能用幽默的方式来对付了。

可以这样回应："事物都是有保质期的，这个早过期啦！"

被翻出来的事情无论是发生在两周之前、几个月之前，还是十几年之前，都没有关系。过去就是过去，已经过去的事情就不要再拿出来说了，用这种气势试着来说这句话："事物都是有保质期的。"

银座的客人有时会因为早上和老婆吵了一架，下班后不肯回家，一副失魂落魄的样子，一直待在这里。

"我那老婆，总会提起30年前的事情。30年前的事情啊！"

他边说边用手巾擦着脸，愤怒毫无保留地浮现在脸上。

"真是服了！有什么办法帮帮我啊？"他一脸无奈地说道。

这时，没有人气的女招待会附和一下客人："真是可怜。"

有些人气的女招待则会鼓励道："30年的事情早就过去了吧！"

人气超高的女招待就会给出建议："躲一躲吧！"

如果遇到别人翻你旧账，你就这样回复那个人："事物都是有保质期的。"

如果说了也没用的话，就用开玩笑的口吻说："我要逃跑啦！"暂时避开一下。

最后，奉劝大家不要总是把过去的事情挂在嘴边，无论谁听久了都会生厌的。

为心灵武装上铠甲的金玉良言

三十六计，走为上。

——《孙子兵法》

5 – 5

你是有洁癖吧！

提起"洁癖"这个词，大部分人可能会联想到神经质或者是完美主义。大家对这个词有什么感受呢？

比起脏、乱、差，干干净净、井井有条肯定更好。我认为，洁癖肯定不是什么坏事。

但是如果被人认为有洁癖，相信大多数人都不会很开心。

在自我介绍时说自己有洁癖的人几乎没有。

在被问到优点时，也不会有人把洁癖当作优点。

即使说了，应该也没人会对此赞不绝口吧，哈哈！

我有一位朋友，她在卫生方面绝不妥协，可以说是有洁癖的。

她乘坐电车时从不碰吊环，因为她不能忍受触摸被来历不明的手碰过的东西。

由于她不抓电车的吊环，当电车有些许摇晃时，她就会用力绷紧自己的身躯，尽力站稳。

她还会要求别人不在她的车上吃东西。

但喝水她是允许的，不过也仅限于即使洒了也不会留下污渍的清水。

朋友在坐她的车之前，会被告知以上注意事项。结果，她就被朋友如是说道："你的洁癖蛮严重的啊！"

强势的她自然不会不做回应。她这样回答："我说过了，我是爱干净而已。"

这样一来，对方也只能回一句"原来如此，爱干净啊"，之后就不会再说什么了。

说实话，车内整洁干净确实会让人心情愉快。

说起洁癖，我还想到了一个人。那是我在银座的一个客人。

他从一家大型建筑公司独立出来，经营一家技术顾问事务所。他随身常备除菌纸片，单纯用于消毒。

令人震惊的是，多年以来，他在按电梯的按钮时，都要用除菌纸片包住手指之后才按下去。

有几次我进入大厦的电梯想要按楼层，他就会拿出除菌纸片向我说道："等一下，要把手指这样包着。"

因此，他经常会被人说："你是有洁癖吧！"

不过他会回答："很正常吧！"

"欸，哪里正常啊？"对方可能会如此反问。

"世界满是细菌和病毒，为了不感染流行性疾病，保护自己，这不是很正常吗？"

确实说得很有道理。

近年来，有很多人为抑菌除菌做足了准备。去需要脱鞋的诊所时会自带拖鞋，去聚餐时会自带筷子、汤勺、叉子、杯子，等等。如今，越来越多的人开始随身携带自用物品。

所以，不用担心。当被人说"你是有洁癖吧"时，就挺起胸膛说："这很正常吧！"

话说，现在去银座的俱乐部时，我仍会第一时间看女招待们是如何拿客人的杯子的。

没有受过良好培训的女招待拿杯子时，会用手拿住杯口部分，然后递给客人。

还有更过分的！有些新人竟然用整个手掌从上到下罩住杯子，然后递给客人。我对此感到很惊讶。

递杯子时，不要碰到客人用嘴接触的地方，这是常识吧！

无论是谁看到自己要用的杯子被以如此的方式拿过来，好心情都会变成坏心情。

这样说来，我也有点洁癖？

哪有哪有，这不是很正常吗？

哈哈哈！

为心灵武装上铠甲的金玉良言

　　尽量用平常心去做不一般的事情就好了。

　　　　　　　　——塔摩利（森田一义）

　　　　　　　　搞笑艺人、主持人

5 – 6

结语

感谢你读到最后。

读后感觉如何？我的回击话术是否对你有一丝帮助呢？如果你能鼓起勇气将这本书里我给你介绍的方法应用到生活和工作中，我会很高兴帮到了你。

如果你对能否使用这些方法有疑虑，那就先练习让自己的语气变得柔和，然后创造出你的独家回击话术。

在现实生活中被人语言冒犯时，我并不是每一次都能游刃有余地及时反击，我也有错过回击最佳时机的时候。面对毒舌的人，我的"心理防线"也有几乎崩溃的时候。遇到这些情况，我都会用这句仿佛有魔法的话安慰自己："不要紧，下一次就有经验了。"

无论是谁，都不可能从一开始就让事情进行得顺顺利利。

请你像念魔法咒语一样一边给自己心理暗示，一边循序渐进地加强心理建设。

"没什么大不了！"未来一定会万事顺遂的。

还有，在一天即将结束之际，当你解除防备，卸下心灵的铠甲时，我希望你能好好放松紧张的情绪，消解心灵的疲倦。

要记得创造"属于自己的时间"，像充电一样为第二天的自己注入能量，哪怕只有十分钟。

比方说读一首诗、听一首歌，这些方法在任何年代对放松身心都是非常有效的。

你所喜爱的动人音乐，会一直回响在你心间。

饮一杯热乎乎的茶，哗啦哗啦随手翻看自己爱看的书，抑或仰望夜空，对着星辰皓月描绘未来，都是不错的放松方式。

对自己说上一句"加油"吧！

请珍惜这样的独处时光！

衷心希望，往后的你，展露更多笑颜。

即刻反击！回击话术集锦

惹人不悦的言辞简直不胜枚举。

我从中挑选了一些比较常见的，并在这些话的后面附上了回击金句。

请过目吧！

外貌篇

你长得好大哦！
- 我的心也大。

你笑起来好难看。
- 那我让你见识一下我生气的样子？

你卸妆后肯定很一般。
- 哦？我现在就是素颜呀！

头有点秃了吧？
- 之后会越长越多的哟！

你让我感到恶心。

🍂 不好意思呢!

你不觉得自己的脸很大吗?

🍂 你量量看?

你不怎么招人喜欢呢!

🍂 哪里不招人喜欢?

你多大了?

🍂 这么关心我干吗?

性格篇

你是交际花?

🍂 谢谢你承认我是美女。

你真是头脑简单没烦恼啊!

🍂 烦恼太多,也不差这一会儿。

好羡慕你没心没肺的。
🍄 谢谢夸奖。

你看上去好记仇啊！
🍄 没想到实际上我并不吧？

你这人事好多啊！
🍄 我的生活确实挺有趣。

要不说我讨厌 B 型血的人呢！
🍄 这种话你跟我爸妈讲去。

你能克制一下自己的脾气就好了。
🍄 正在努力。

这是天生的吗？
🍄 后天的，人工合成的。

你太敏感了吧！
🍄 这叫情感细腻。

你太较真了。
🍄 有钻研热情罢了。

想不到你这么懒散。
🍵 展开说说?

你真是毫无情趣。
🍵 所以才需要你示范一下给我看看。

行为篇

反正你闲着也是闲着。
🍵 实际上忙得焦头烂额。

你可真没家教啊!
🍵 你这样说话也没有家教吧!

你可真用功啊!
🍵 做好分内之事罢了。

反正我对你没抱什么期待。
🍵 那可真是帮我大忙啦!

就这点实力了吗？
- 今天就这么点。

垮掉的一代。
- 没垮掉。

真能说呀！
- 天生的。

你在听我说吗？
- 听着呢！

裙子太短了吧？
- 腿太长了，没办法。

看样子一直在玩呢！
- 哪玩了？

人际篇

看来你这辈子结不了婚了。
🐢 你是算命的吗？

赶快找对象吧！
🐢 这两天就找。

无法原谅！
🐢 真可惜。

你又来了？
🐢 记这么清楚，我倍感荣幸。

你怎么在这儿？
🐢 见到您很高兴。

啰啰唆唆的，你到底想说什么？
🐢 那我再从头说一遍？

你做事怎么磨磨叽叽的？
🐢 小心驶得万年船。

你葫芦里到底卖的什么药?

🍡 什么药也没有。

你知道老子是谁吗?

🍡 ×啊! （叫出对方的名字）

你拎得清吗? 工作和约会哪个更重要?

🍡 两个都重要。

离我远点。

🍡 多远?

IYANAKOTO WO IWARETA TOKI NO TOSSANO KAESHIKOTOBA by Yuko Mori
Copyright © Yuko Mori, 2018
All rights reserved.
First published in Japan by KANKI PUBLISHING INC., Tokyo.

This Simplified Chinese edition is published by arrangement with KANKI PUBLISHING INC., Tokyo in care of Tuttle-Mori Agency, Inc., Tokyo through Pace Agency Ltd., Jiang Su Province.

著作权合同登记号：图字 18-2021-296

图书在版编目（CIP）数据

吵架又没发挥好 /（日）森优子著；金哲，王书凝译 . -- 长沙：湖南文艺出版社，2022.6
ISBN 978-7-5726-0653-3

Ⅰ . ①吵… Ⅱ . ①森… ②金… ③王… Ⅲ . ①人际关系—语言艺术—通俗读物 Ⅳ . ① C912.13-49

中国版本图书馆 CIP 数据核字（2022）第 066328 号

上架建议：人际沟通

CHAOJIA YOU MEI FAHUI HAO
吵架又没发挥好

作　　者：［日］森优子
译　　者：金　哲　王书凝
出 版 人：曾赛丰
责任编辑：匡杨乐
监　　制：邢越超
策划编辑：刘　筝
特约编辑：尹　晶
版权支持：金　哲
营销支持：文刀刀
装帧设计：梁秋晨
封面插图：人间八月八
出　　版：湖南文艺出版社
　　　　　（长沙市雨花区东二环一段 508 号　邮编：410014）
网　　址：www.hnwy.net
印　　刷：北京中科印刷有限公司
经　　销：新华书店
开　　本：775mm × 1120mm　1/32
字　　数：105 千字
印　　张：6.5
版　　次：2022 年 6 月第 1 版
印　　次：2022 年 6 月第 1 次印刷
书　　号：ISBN 978-7-5726-0653-3
定　　价：45.00 元

若有质量问题，请致电质量监督电话：010-59096394
团购电话：010-59320018